上海市“十二五”重点图书 · 中国福利会

学前教育课程

XIAO BAN

小班

中国福利会 编

中国中福会出版社

图书在版编目（CIP）数据

中国福利会学前教育课程. 小班 / 中国福利会编. -- 上海：
中国中福会出版社, 2015.12
ISBN 978-7-5072-2124-4

Ⅰ. ①中… Ⅱ. ①中… Ⅲ. ①学前教育－教学参考资
料 Ⅳ. ①G613

中国版本图书馆CIP数据核字(2015)第238044号

中国福利会
学前教育课程
小班

中国福利会 编

责任编辑　凌春蓉
装帧设计　钦吟之

出版发行：中国中福会出版社
社　　址：上海市常熟路157号
邮政编码：200031
电　　话：021-64373790
传　　真：021-64373790

经　　销：全国新华书店
印　　制：上海新文印刷厂
开　　本：787mm × 1092mm 1/16
字　　数：300千字
印　　张：18.5
版　　次：2016年3月第 1 版
印　　次：2016年3月第 1 次印刷

ISBN 978-7-5072-2124-4/G · 653　　定价 40.00元

目录

区域活动

主题三　我的身体

集体活动

区域活动

主题四　冬天

集体活动

主题九 各种各样的车

集体活动

区域活动

主题十 动物狂欢节

集体活动

区域活动

主题十一 夏天

集体活动

区域活动

小班生活

集体生活

独立生活

主题一
高高兴兴上幼儿园

集体活动

蜡　笔　画

活动目标

认识绘画工具（蜡笔、铅画纸）。

愿意用蜡笔在纸上随意作画。

活动准备

蜡笔每桌一盒、铅画纸每人一张，桌上铺好桌布或画垫。

教师已画好的蜡笔画范例一幅。

幼儿已有随意涂鸦的经验。

活动过程

一、教师出示蜡笔画范例。

建议指导语：看看老师画了什么？这么漂亮的画是用什么画出来的？

二、介绍蜡笔和铅画纸。

❶ 认认蜡笔的颜色。

建议指导语：蜡笔宝宝有哪些颜色？你认识这些颜色吗？

❷ 认识铅画纸。

建议指导语：蜡笔宝宝画在什么地方呢？

三、蜡笔宝宝画画。

❶ 根据幼儿的要求，教师做适当示范。

建议指导语：你们想让蜡笔宝宝画什么？（如：月亮）画个小月亮，给它穿上漂亮的衣服（涂色）。

❷ 幼儿自由作画，教师帮助个别幼儿完成作品。

四、交流。

建议指导语：你用蜡笔画了什么？它穿了什么颜色的衣服？

生日蛋糕

活动目标

喜欢用粘贴的方式装饰“蛋糕”。

感受和大家一起庆祝生日的喜悦之情。

活动准备

蛋糕造型的轮廓画面，奶油、糖果、水果图案的小纸片若干，糨糊、抹布。

各种造型的奶油蛋糕的图片。

魔术箱（各种装饰材料各取一样装在箱子中）。

幼儿已有一定的粘贴经验。

活动过程

一、回忆生日，欣赏“蛋糕”。

❶ 讨论：过生日最开心的是什么？都有什么好吃的？

❷ 欣赏各种各样的蛋糕图片，引导幼儿说说蛋糕上有什么。

二、装饰“生日蛋糕”。

❶ 游戏：魔术箱里有什么？

取出魔术箱，让幼儿通过摸摸说说了解各种材料。

❷ 教师示范贴画过程。

指导要点：轻轻蘸—轻轻涂—涂涂满—轻轻贴—贴完擦擦手。

建议指导语：小棒竖起来（手指），轻轻碰一点（糨糊），戴上小帽子，找到好朋友（水果纸片），把它翻过来（翻到反面），温柔摸摸脸（涂糨糊，不要求涂满），送到蛋糕家（贴图）。

❸ 幼儿操作：装饰“蛋糕”。

鼓励幼儿大胆往“蛋糕”上粘贴各类点缀“食物”。

观察幼儿轻轻蘸糨糊的情况，做适当指导。

三、分享“生日蛋糕”。

将制作完成的“蛋糕”送给当月小寿星，并一起为小寿星唱生日快乐歌。

活动延伸

在区角中，布置一个“大蛋糕”背景，提供蜡笔、各种图案、绉纸等，让幼儿自由创造，为“蛋糕”装饰。

问 好 歌

活动目标

熟悉歌曲旋律，尝试用不同的语言（普通话、上海话、英语）和朋友打招呼。

初步接触师幼对唱的形式，在与同伴的交往中体验愉快的情绪。

活动准备

小熊布偶一个，布置小熊家的场景。

歌曲磁带《问好歌》。

活动过程

一、情景引入，到小熊家去做客。

❶ 请幼儿回忆自己平时是怎么跟朋友打招呼的，并现场和小熊打招呼。

指导要点：引导幼儿用自己的母语来问好，如：你好、侬好、Hello……

建议指导语：除了“你好”，你还会用什么话来和好朋友打招呼？

❷ 教师扮演小熊用歌词有节奏地回答。

二、教师示范歌曲。

教师以客人的身份用普通话和小熊对唱。

三、幼儿与小熊对唱。

❶ 教师扮演小熊，幼儿用不同的语言随着音乐反复有节奏地行进问好。

建议指导语：小朋友，你们好，我知道你们都是有礼貌的好孩子，而且会说几种不同语言，我也会。不信我们试一试，你们用什么话和我打招呼，我也用同样的话来回答你们。

❷ 在每一遍乐曲的结束处停下来，以各自的方式与同伴打招呼。

附歌曲：

问 好 歌

1=E 2/4

3 3 3 3 | 3 2· 1 | 2 2 2 5 | 3 2· 1 |

你 好 你 好 你 好 吗？谢 谢 你 呀，我 很 好！

3 3 3 3 |3 2· 1 |2 2 3 2· | 1 — ‖

你 好 你 好 你 好 吗?谢 谢,我 很 好!

我是好宝宝

活动目标

在学会歌曲《我是好宝宝》的基础上，尝试用动作来表现歌曲。

乐意参与活动，体验集体活动的快乐。愿意用蜡笔在纸上随意作画。

活动准备

“小金猪”玩偶一只。

已学会歌曲《我是好宝宝》。

活动过程

一、出示“小金猪”，复习《问好歌》。

建议指导语：猪年到，金猪宝宝来做客，让我们和猪宝宝问个好。

二、幼儿跟着音乐的节奏来介绍自己的名字。

建议指导语：小金猪想要来我们班级找找好宝宝，请好宝宝们把自己的名字告诉小金猪吧。

三、复习歌曲：《我是好宝宝》。

唱两遍，提醒幼儿唱清楚歌词。

四、创编动作。

❶ 以小金猪的口吻引导幼儿为歌曲编动作。

指导要点：引导鼓励幼儿逐句编动作，教师加以提炼。

❷ 请幼儿边跳边唱。

附歌曲：

我是好宝宝

1=C 2/4

3 5 3 2 | 1 — | 3 5 6 6 | 5 — |

我 是 好 宝 宝， 脸 儿 眯 眯 笑，

我 是 好 宝 宝， 脸 儿 眯 眯 笑，

6 6 | 5 6 3 | 5 5 2 3 | 1 — ‖ (× × | × 0 ‖)

走 进 幼 儿 园， 叫 声 老 师 早！ （老 师 早！）

走 进 幼 儿 园， 叫 声 小朋友 早！ （小朋友 早！）

我爱我的幼儿园

活动目标

学唱歌曲《我爱我的幼儿园》，愿意和同伴一起尝试根据歌曲的旋律唱唱跳跳。

在活动中培养幼儿喜欢幼儿园的情感。

活动准备

钢琴。

玩具小兔。

活动过程

一、出示小兔引起幼儿的兴趣，讲述小兔上幼儿园的故事。

二、欣赏歌曲，熟悉旋律。

❶ 教师示范演唱，幼儿倾听歌词。

建议指导语：小兔用歌曲来告诉小朋友他为什么喜欢幼儿园。

听完歌曲后提问：小兔为什么喜欢幼儿园？

❷ 再次示范演唱，幼儿听音乐拍手。

❸ 师幼一起听音乐拍手打节拍、念歌词。

三、学唱歌曲。

❶ 幼儿轻声跟唱。

指导要点：唱歌时声音自然，不喊叫。

建议指导语：用轻轻的声音唱给旁边的好朋友听。

❷ 听着音乐一起完整地演唱。

❸ 邀请自己的朋友一起来唱唱跳跳。

❹ 请愿意表演的幼儿和朋友一起上来表演。

附歌曲：

我爱我的幼儿园

1=C 2/4

1 2	3 4	|	5 5	5	|	5 5	3 1	|	2 3	2	|
我 爱	我 的		幼 儿	园，		幼 儿	园 里		朋 友	多，	
1 2	3 4	|	5 5	5	|	5 5	3 1	|	2 3	1	‖
又 唱	歌 来		又 跳	舞，		大 家	一 起		真 快	乐。	

红苹果和绿叶子

活动目标

在游戏中尝试区别两种颜色，初步建立类别概念。

愿意和老师亲近。

活动准备

红苹果和绿叶子标记人手一份、红苹果和绿叶子头饰。

配班教师或保育员一名。

活动过程

一、介绍游戏名称，引起幼儿兴趣。

教师：今天我们一起来做游戏，游戏的名称叫：红苹果和绿叶子。你们的手上都有一个标记，看看是什么？

幼儿认识自己的标记——红苹果或绿叶子。

二、一起玩游戏，进行颜色分类。

❶ 介绍规则

教师（戴有红苹果头饰）：我是红苹果孩子的妈妈，和我一样的红苹果请上来。

另一位教师（戴有绿叶子头饰）：我是绿叶子孩子的妈妈，和我一样的绿叶子请上来。

（重复一次）

❷ 进行游戏

幼儿根据自己手上的标记站到戴相应头饰的教师身边。对于找对的幼儿，教师可以抱一抱、亲一亲，以鼓励幼儿。

建议指导语：和我一样的请上来。

教师小结：孩子和妈妈是一样的。

❸ 交换标记，再次游戏

三、寻找身上的红颜色和绿颜色，延伸分类。

教师：请在身上找到和我一样的红（绿）颜色的小朋友上来。

找 朋 友

活动目标

在游戏中观察、比较物体的大小特征，建立有关大小差异性的概念。

愿意和同伴一起游戏。

活动准备

具有大小、颜色差异的胸卡，大、小的文字标示若干。

教师了解幼儿关于大小的经验。

活动过程

一、集体游戏：找朋友。

幼儿每人戴一块有大小和颜色差异的胸卡。

❶ 颜色找朋友：戴有同样颜色胸卡的幼儿手拉手围在一起。

❷ 大小找朋友：戴有同样大小的胸卡的幼儿手拉手围在一起。

❸ 找不一样的大小：一个戴大的胸卡的幼儿和一个戴小的胸卡的幼儿手拉手做朋友。

二、找找教室里的大和小。

❶ 每个幼儿拿一张标有“大”或者“小”的文字标示。

❷ 寻找教室里的大和小，把文字标示放到相应的物品上。

指导建议：在寻找过程中，有意识地通过比较来帮助幼儿发现大、小是相对的概念。

区域活动

宝宝胸牌

材料投放

多种胸牌范例、幼儿自己的大头照片、各种形状的底板（太阳、花朵、小动物头），蜡笔、糨糊、抹布。

玩法：

❶ 选择底板，把自己的大头照片粘在底板中心的空白处。

❷ 选择喜欢的颜色的蜡笔，在底板的其他空白处用自己喜欢的方式来画画。

指导建议

❶ 提醒幼儿使用糨糊时注意不要弄脏衣服和桌面，手上有过多糨糊的时候要擦在抹布上，全部完成后去洗手。

❷ 将制作好的胸牌贴在幼儿身上。

甜甜的糖果

材料投放

各种干净的糖果包装纸、绉纸条、彩泥、透明的糖罐。

玩法：

1. 把绉纸条揉成小团或者把一小团彩泥搓成圆，做成糖果的形状。
2. 用糖纸将绉纸团或小泥团包裹起来，糖纸两边反复拧紧。
3. 把制作好的糖果放在透明的瓶子中，数数自己做了几颗。

指导建议

指导幼儿将“糖果”放在糖纸中间，再包裹起来，不让“糖果”掉出来。

漂亮的小气球

材料投放

印泥、各种印章图案、抹布、气球底板。

玩法：

在气球底板上盖印章，装饰出漂亮的气球。

指导建议

1. 提醒幼儿在使用印章过程中注意不弄脏自己的衣服和桌面。
2. 提醒幼儿不同颜色的印泥不能混用。
3. 悬挂展示幼儿的作品，可以在气球飘带上粘贴幼儿的照片。

手指娃娃

材料投放

蘸有颜料的海绵或印泥、湿抹布、记号笔、白纸。

玩法：

❶ 用手指在海绵或印泥上按压，然后在白纸上印下自己的手指印。

❷ 在手指印上添画五官，变成可爱的手指娃娃。

指导建议

❶ 海绵不宜过湿，避免幼儿用力不当，将颜料洒在桌上及弄脏衣服。

❷ 可为幼儿准备小围裙，避免弄脏衣服。

❸ 提醒幼儿完成后能及时把手洗干净。

我们都是好朋友

材料投放

玩具小动物若干、糖果若干。

玩法：

❶ 教师逐一出示玩具动物，并按节奏进行介绍：

我叫小兔（小猫、小狗……）

❷ 启发幼儿向小动物介绍自己的名字：

我叫 宝宝（阳阳、妞妞……）

❸ 引导幼儿由一个一个单独介绍逐步过渡到听音乐（/）打击乐器伴奏——钢琴弹奏四分音符伴奏——节奏鲜明的 2/4 或 4/4 拍的乐曲伴奏（/），按节拍逐一介绍。

指导建议

能按四分音符的节拍用自然的声音介绍自己名字的幼儿可以得到小动物送的糖果礼物。

能干宝宝

材料投放

四幅图片，分别是小宝宝刷牙、洗脸、吃饭、上学去；伴奏音乐。

玩法：

跟随音乐，幼儿模仿教师所出示的卡片上小宝宝的行为（也可以是教师或幼儿口头发出指令）有节奏地、夸张地做动作。间奏时，教师更换图片，幼儿相应变换动作。

指导建议

❶ 可以用语言加动作发指令，也可以只用动作，模仿的幼儿必须在最快的时间里，按节拍变化动作。

❷ 启发幼儿自己创编洗脸、吃饭、上学去的动作。还可以鼓励幼儿想出更多生活中的动作，编进游戏里。

❸ 游戏熟练后，可以由幼儿轮流出示卡片或发出指令。

附歌曲：

能干宝宝

1=F 2/4

5 1 1 | 3 5 1 | 3 5 1 3 | 2 2 2 |

× × 刷刷牙，× × 刷刷牙，

× × 洗洗脸，× × 洗洗脸，

× × 吃早饭，× × 吃早饭，

× × 上学去，× × 上学去，

6 1 2 3 | 5 5 3 | 2 · 3 5 6 | 1 1 1 ‖

× × 刷刷牙，× × 刷刷牙。

× × 洗洗脸，× × 洗洗脸。

× × 吃早饭，× × 吃早饭。

× × 上学去，× × 上学去。

数珠珠

材料投放

小棍、木珠、数卡、点卡、图卡若干。

玩法：

根据提供的图卡（或点卡、数卡）上的数量，将相应数量的木珠穿在小棍上。

指导建议

❶ 各类卡的提供应按一定顺序投放：从图卡到点卡，最后出现数卡。

❷ 小珠子可先提供同色的，避免干扰，然后增加颜色提高难度。

拓印数字

材料投放

底板（有凸起的数字1～5）、蜡笔、白纸若干。

玩法：

将白纸放在底板上面，用拓印的方法涂画出数字的形状。

捏数字

材料投放

数字底板若干、橡皮泥若干、塑料垫板一块。

玩法：

利用橡皮泥捏数字（可以参照数字底板）。

指导建议

教师可结合美工建构活动帮助幼儿充分感知、认识数字，例如用雪花片拼数字、用火柴棒搭数字等。

套圈圈

材料投放

圆形积木若干（中间分别有大小不一的洞）、插柱粗细不一的插座一个。

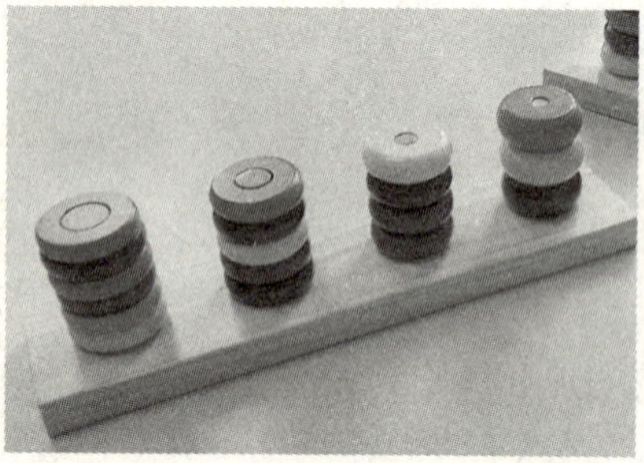

玩法：

把积木插到相应粗细的插柱上。

指导建议

引导幼儿比较插柱的粗细，观察洞有不同的大小。

构成三角形

材料投放

三角形拼板若干。

玩法：

用不同的小三角形拼搭成大三角形。

指导建议

引导幼儿发现两个小三角形可以构成一个大三角形，三个小三角形也可以构成一个大三角形。

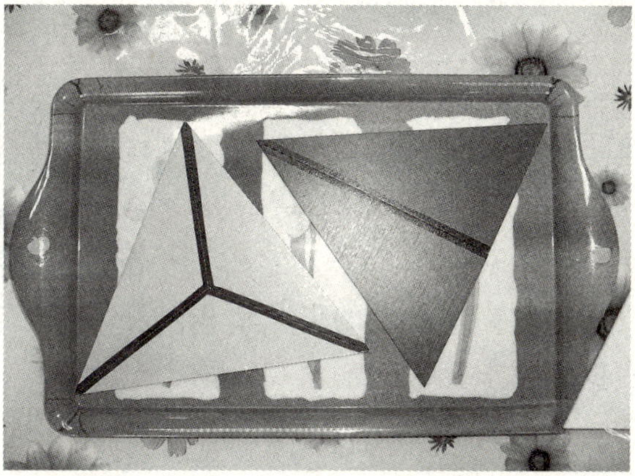

图形盒

材料投放

图形盒、图形积木若干。

玩法：

幼儿把图形积木放到相应的图形盒里，进行图形组合，拼出新图形。

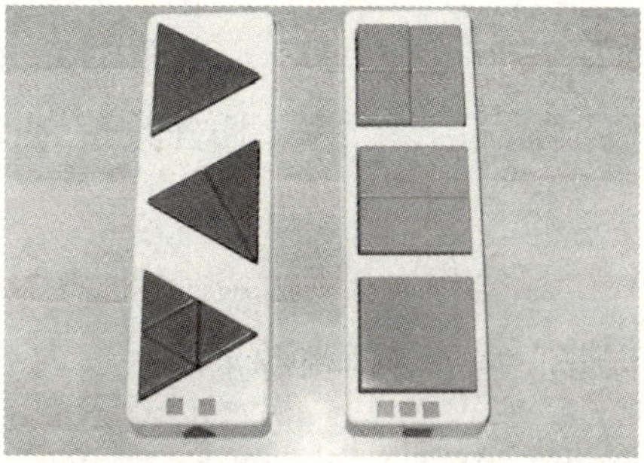

指导建议

引导幼儿发现四个小三角形可以构成一个大三角形，两个长方形可以构成一个正方形，四个小正方形可构成一个大正方形。

图形插座

材料投放

正方形、圆形、三角形积木（中间分别有相应形状的洞），插座（插杆形状有正方形、长方形、圆形和三角形）。

玩法：

先观察积木，根据积木当中的洞的形状将积木进行分类，然后根据底座上插柱的形状一一插入相应形状的积木。

点数插座

材料投放

正方形、圆形、三角形积木（中间分别有1～4个洞），插座（插杆数量为1～4根）。

玩法：

根据积木上洞的数量把积木进行分类，然后根据底座上的插柱数量一一插入积木。

指导建议

在幼儿正确操作后，尝试在颜色的摆放顺序上提出新的要求。

图形推理

材料投放

图形底卡、1～5的数字卡片、提示卡若干。

玩法：

❶ 提示卡上显示不同形状与数字1～5的随机配对。

❷ 幼儿根据提示卡上的颜色和数字，在图形底卡上贴上相对应的数字卡片。

指导建议

教师可以提供点数的数字卡片，以点数卡片取代数字卡片，满足能力较强幼儿的游戏需求。

主题二
秋天的树叶和水果

集体活动

结满果子的树

活动目标

尝试用手指点画的方式画果子。

知道秋天果子成熟了，秋天是个丰收的季节。

活动准备

教师用空白大果树一棵，幼儿人手一棵空白小果树，结满果子的树范例画一幅。

调色盘若干，盘中红、黄、橙色颜料少许，湿抹布若干。

幼儿对颜料已有认识。

活动过程

一、出示范例作品。

建议指导语：秋天到了，树上长满了什么呀？（果子）有些什么颜色的果子？

二、小果树上结果子。

❶ 教师示范手指点画。

指导要点：用指腹蘸颜料，按在果树空白的地方；换颜色时，可将指腹擦干净或换另一手指指腹。

建议指导语：找到颜料好朋友，和它做个好朋友（蘸一下），一起到果树上结个小果

子（按一下）。

❷ 幼儿手指点画，教师指导。

注意：完成后，用抹布将手指擦干净再洗手。

三、交流。

引导幼儿发挥想象，说说树上结的是什么果子（如红色的是苹果等）。

活动延伸

将幼儿的果树粘贴在墙面上，布置成一个“秋天的果树园”。

印树叶

活动目标

尝试用拓印的方法表现美丽的树林。

感受秋天树叶多彩的颜色，喜欢秋天的树叶。

活动准备

与幼儿一起在幼儿园里收集各种树的树叶（完整的树叶），并与幼儿一起讨论树叶的形状和颜色。

颜料（大红、橘黄、淡黄、咖啡、深绿）；小刷子若干；调色盘、湿抹布若干；画好边框的黑色卡纸。

活动过程

一、经验再现。

建议指导语：现在是什么季节？（秋天）你知道秋天的树叶是什么颜色的吗？

二、树叶画。

❶ 教师示范拓印画。

指导要点：蘸一蘸—轻轻刷—用力压一压。

建议指导语：毛笔和颜料拉拉手（蘸颜料），轻轻地给树叶穿上新衣服（刷颜料），为穿上漂亮衣服的树叶拍张照（有颜料的一面压在黑卡纸上），看一看（揭开树叶），照片拍好了。

❷ 幼儿尝试操作，选择树叶、颜料进行拓印，教师进行个别指导。

❸ 印完后，用湿抹布擦擦手。

三、分享交流。

建议指导语：你给树叶穿上了什么颜色的新衣服？你给几片树叶拍了照？

活动延伸

将完成的树叶拓印作品悬挂在教室中，作为装饰。

也可提供各种蔬菜根部、水果切面等让幼儿练习拓印。

有趣的苹果车

活动目标

用画直线和圆的方法在苹果画面上添画。

喜欢苹果车，对在“苹果”上添画产生兴趣。

活动准备

画有大苹果外形的纸一张，蜡笔、铅画纸若干。

幼儿对苹果、梨、香蕉等水果有一定认识。

活动过程

一、提出问题，引发兴趣。

❶ 出示“大苹果”，回忆经验。

建议指导语：这是什么？你吃过吗？它是什么味道的？它是什么颜色的？

❷ 提出任务，激发想象。

建议指导语：如果苹果要变成一辆苹果车，要添上些什么？

二、幼儿描述，教师添画。

建议指导语：车轮圆圆，车窗方方。

三、我的“苹果车”——幼儿进行添画创作，教师个别指导。

添画顺序：苹果外形——车窗（直线）——车轮（圆形）——涂色。

四、大家的“苹果车”。

❶ 幼儿介绍自己的“苹果车”是什么颜色的（如：红苹果车、绿苹果车等）。

❷ 鼓励幼儿说说自己的“苹果车”里要装什么，要开往哪里。

活动延伸

可将各种水果添画成车，如：香蕉车、橘子车等。

秋天的水果

活动目标

欣赏画家塞尚的油画作品《苹果和橘子》。

愿意为苹果、橘子、香蕉涂上颜色，学习均匀地涂色。

活动准备

塞尚的油画作品《苹果和橘子》的图片。

水果实物（苹果、橘子、香蕉）若干，印有苹果、橘子、香蕉轮廓的画纸若干，蜡笔。

幼儿了解苹果、香蕉、橘子的基本形状和颜色。

活动过程

一、出示水果实物，调动已有经验。

教师出示苹果、橘子、香蕉实物，请幼儿说说水果的名称、颜色以及大小、形状。

建议指导语：秋天到了，果树上长满了成熟的果子，让我们看看有哪些水果成熟了？

二、出示名画图片，介绍画家，观察画面内容。

❶ 教师出示《苹果和橘子》的图片。

❷ 引导幼儿观察画面内容。

建议指导语：画上画了几个苹果？几个橘子？它们是什么颜色的？

三、幼儿选择颜色来表达自己喜欢的水果。

❶ 教师示范均匀涂色。

指导要点：造围墙（勾边）—涂颜料（涂色）。

建议指导语：沿着轮廓造“围墙”，先把“围墙”造起来。颜色涂涂满，没有白点点。

❷ 幼儿挑选一种喜欢的“水果”，为“水果”涂上相应的颜色。

活动延伸

将幼儿涂好的水果图片布置在“盘子”的版面上，作为环境装饰。

苹 果 歌

活动目标

学唱歌曲《苹果歌》，感受歌曲活泼欢快的特点。

进行简单的歌词替换，并演唱给大家听。

活动准备

音乐磁带、各种水果粘贴卡片、立体苹果树。

幼儿已对这些水果有初步的认识。

实物苹果一只，为每个幼儿准备一小盆切好的苹果片。

活动过程

一、律动：摘苹果。

❶ 出示立体苹果树，引导幼儿模仿摘苹果的动作。

指导要点：转手腕。

建议指导语：握住苹果，转一转，苹果就摘下来了。

❷ 师幼一起到苹果树下，跟随歌曲旋律有节奏地做摘苹果的动作，边摘苹果边念歌词："树上许多红苹果，一个一个摘下来。"

二、学唱歌曲。

❶ 教师示范唱歌曲。

❷ 教师再次演唱歌曲，配上表演动作。

指导要点：动作简单明了，有节奏感。

建议动作：第一小节：左手叉腰，右手向上点四下。第二小节：左手胸前曲肘，做篮子状，右手做摘苹果动作四下。第三小节：双手在胸前曲肘，轻拍自己的胸四下。第四小

节：前两拍双手在嘴前做捧苹果状，张大嘴巴用力咬两下“苹果”，后两拍伸出大拇指摇两下。

❸ 请幼儿为教师伴唱，教师做摘苹果和吃苹果的动作，鼓励幼儿跟着一起做。

❹ 请幼儿轮流摘苹果，教师与其余幼儿为其配唱。

三、仿编歌曲。

鼓励幼儿把自己喜欢的水果的名称替换歌词中的苹果，编进歌曲，演唱给大家听。

四、边听歌曲录音，边品尝苹果。

将切好片的苹果拿出来让幼儿一起分享，并说说品尝苹果的味道。

附歌曲：

苹 果 歌

1=C 4/4

5 5 3 6 5 5 3 | 1 3 5 3 2 2 1 |
树上 许多 红苹果， 一个 一个 摘下来。
5 5 3 6 5 5 3 | 1 3 5 3 2 2 1 ‖
我们 喜欢 吃苹果， 啊呜 啊呜 营养好。

果 园 里

活动目标

学唱歌曲《果园里》，初步了解对唱的歌唱形式，能听音乐跟着节奏唱。

在初步掌握演唱歌曲的基础上，尝试进行简单的歌词替换。

活动准备

已掌握多种水果好吃的经验。

将水果图片贴在教室周围。

歌曲《果园里》。

活动过程

一、律动：去果园。

听着《果园里》音乐走路，节奏合拍。

建议指导语：秋天到了，让我们一起听着音乐、迈着神气的步伐去果园吧！

二、学唱歌曲。

❶ 游戏：找水果。

建议玩法：教师问：×× ××（水果名称）在哪里？幼儿在教室四周的水果图片里找到相应的水果图片后回答：（水果名称）在这里，并站到该图片旁。

❷ 教师示范唱歌曲，引导幼儿边指水果图片边唱。

❸ 听音乐对唱。

☆ 教师唱前一句，幼儿唱后一句。

☆ 交换演唱顺序。

三、仿编歌曲。

❶ 用其他水果名称替换苹果进行师幼对唱。

❷ 请个别幼儿来问，大家一起回答。

附歌曲：

果 园 里

1=C　2/4

1 1　3 3 | 5 5　3 | 6 6　5 5 | 3 3　3 |

苹 果　苹 果　在 哪 里？苹 果　苹 果　在 哪　里？

1 1　3 3 | 5 5　3 | 6 6　5 5 | 3 3　1 ‖

苹 果　苹 果　在 这 里，苹 果　苹 果　在 这　里。

风 来 了

活动目标

初步感受歌曲旋律，理解歌词。

运用已有生活经验改编歌曲内容，对季节的变化——秋天有兴趣。

活动准备

对哪些东西会飘有一定的经验。

在外出活动时体会过风吹的感觉。

活动过程

一、教师念歌词，幼儿理解歌词。

讨论：小树枝摇呀摇，小树叶飘呀飘，这是怎么回事呢？ 风来了会发出怎么样的声音？

二、欣赏歌曲。

❶ 讨论：听了歌曲有什么感觉？ 听上去是刮大风还是小风？

❷ 跟着歌曲节奏拍手。

建议指导语：小手做小树叶跟着风儿一起飘。

三、演唱歌曲。

❶ 引导幼儿轻声跟唱，歌词与旋律配对。

建议指导语：我们一起用歌声跟着小树叶轻轻地飘起来。

❷ 再次演唱，节奏合拍。

❸ 再次唱歌曲，配上动作表演。

建议指导语：小朋友们也变成一棵棵小树，我们一边唱，一边学学小树摇啊摇的样子，好吗？

四、歌词创编。

引导幼儿尝试自己替换歌词，并编进歌曲唱出来。

建议指导语：风吹着树叶会飘呀飘，还有什么也会被风吹得飘呀飘？

附歌曲：

风 来 了

1=C 2/4

1̇ 1̇ | 1̇ — | 65 61 | 5 — | 6 6 | 6 — |

小 树 枝， 摇 呀 摇， 小 树 叶，

56 53 | 2 — | 3 3 | 3 — | 56 32 | 1 — |

飘 呀 飘， 呼 呼 呼 风 来 了。

秋天

活动目标

感受秋天树叶飘落时各种不同的姿势，试着用肢体动作进行表现。

初步学唱歌曲，尝试用自然、柔和的声音演唱。

活动准备

多媒体课件《秋天的落叶》。

“美丽的秋天”场景。

活动过程

一、律动：跟着教师走走，将幼儿引入秋天的情景中。

❶ 跟着教师走走、扭扭、跑跑、转转、飞飞、回家。

二、新授歌曲《秋天》。

❶ 观看多媒体《秋天的落叶》，说说树叶是怎么从树上飘落下来的。初步感受歌曲。

❷ 跟着多媒体和音乐，模仿树叶从树上飘落的动作。

❸ 听音乐，幼儿发挥想象，表现树叶飘落的不同样子。教师伴唱。

建议指导语：如果你也变成了一片小小的树叶，你会怎么飘落下来呢？有什么不同的动作吗？

❹ 教师示范唱歌曲（用稍慢的速度轻声演唱）。

❺ 师幼共同演唱歌曲（1～2遍）。

三、游戏：风和树叶。

区分音乐中明显的高低音区变化，并用不同的肢体动作加以表现。

建议玩法：听到了轻轻的、高高的音乐就让小树叶飘得高高的；听到了重重的、低低的音乐就让小树叶飘得低低的。

附歌曲：

秋　天

1=C　2/4

5 3 6 | 5 3 1 | 2 2 4 4 | 3 3 5 | 2 2 4 4 | 3 2 1 |

秋 天 呀，秋 天 呀，树 叶 到 处 飞 呀 飞，树 叶 到 处 飞 呀 飞，

5 3 6 | 5 3 1 | 2 4 3 2 | 1 — ‖

秋 天 呀，秋 天 呀，秋 天 多 美 丽。

找 呀 找

活动目标

在四周寻找“一”和“许多”，会从许多物体中找出有相同特征的物体。

了解“一”和“许多”的关系。

活动准备

塑料水果若干，分散放在教室周围，有的水果只有一个，有的有许多个。

活动过程

一、摘水果。

教师：秋天到了，水果丰收了，我们去摘水果。现在请大家每个人找一种水果。（幼儿自由摘水果）

二、比一比。

❶ 分别请一名拿了一个水果和一名拿了许多水果的幼儿上前展示。

建议指导语：谁摘到的水果只有一个？谁摘到的水果有许多个？

❷ 引导幼儿通过观察数量的多少感受“一”和“许多”的关系。

建议指导语：苹果有一个，香蕉有许多个……

三、身上的许多。

❶ 幼儿在自己身上找出什么东西有“一”，什么东西有“许多”。

❷ 幼儿交流自己找到的“一”和“许多”。

活动延伸

在教室里面找找“一”和“许多”。

装 苹 果

活动目标

运用重叠对应的方法，比较两组物体的多少。

体验与同伴游戏的愉悦。

活动准备

苹果店场景布置。

苹果图片、小盘子、小苹果玩具、苹果树模型，各种水果图片、雪花片、积木等玩具。

活动过程

一、游戏情景导入。

老师扮演苹果店营业员："开苹果店啦！"

二、比多少。

❶ 苹果和盘子一样多（学习用对应的方法数数）

"营业员"和幼儿一起将所有的盘子排成一排，然后按照一个苹果放在一个盘子上的规则，比较苹果多还是盘子多。

❷ 苹果和盘子一样多吗？

"营业员"和幼儿一起将所有的盘子排成圆形，然后按照一个苹果放在一个盘子上的规则，比较苹果多还是盘子多。（苹果比盘子多一个）

三、小游戏：挂苹果。

幼儿人手一棵苹果树（树上设有可供悬挂的苹果杆）和一筐小苹果，将一个小苹果对应挂到一根苹果杆上，用对应的方法数数，比较苹果和苹果杆的多少。

树叶宝宝要回家

活动目标

通过粘贴和摆放活动，形成同一名称的集合。

感受秋天落叶的美丽并尝试用简单的语言进行表达。

活动准备

不同形状的树叶，有相应形状树叶的树的版面布置。

活动过程

一、观看落叶照片，说说自己看到的树叶。

提问：树叶是什么颜色的？树叶是什么形状的？

二、送树叶宝宝回家。

幼儿自由选择树叶，将其粘贴到相应的树的版面上，并用简单语言表达："圆形树叶宝宝回家了。"

教师着重指导粘贴错误的幼儿。

建议指导语：哪些小树叶找错了家？

三、 幼儿欣赏粘贴完的"秋天的树"。

各种各样的落叶

活动目标

通过看看讲讲的活动，让幼儿发现树叶的不同（形状、颜色、大小等），培养幼儿初步的观察和比较能力。

进一步体验、了解秋季落叶这一季节特征。

活动准备

幼儿捡来的落叶。

会念儿歌《片片飞来像蝴蝶》。

活动过程

一、观察、比较树叶。

建议指导语：请你们看一看，你们捡来的这些落叶都一样吗？

❶ 形状：有的圆，有的长；有的上面是尖的，有的上面是平的；有的边上是

有齿的，有的边上是光滑的。

建议指导语：我们来看一看梧桐树叶像什么？（手）手有几个手指？数一数，梧桐树叶有几个尖？把手张开比一比，像不像。

❷ 颜色：有的红、有的黄、有的绿。

❸ 大小：有的大、有的小。重点引导幼儿找出最大的和最小的叶子。

建议指导语：看一看你的落叶里是不是也是有的大有的小？找出一片最大的，和别的小朋友比一比看谁的大？有没有谁的树叶和别人的比都是较大的？

❹ 小结：我们捡来的落叶都是不一样的。有的大，有的小；有的圆，有的长；有的是红的，有的是黄的。落叶是各种各样的。

二、和落叶宝宝做游戏。

❶ 儿歌：片片飞来像蝴蝶。

边念儿歌，边扔树叶。可改编儿歌内容，替换其中表示形状的词。

❷ 踩树叶。

建议指导语：你们刚才去拿树叶的时候，我听到一种“嚓嚓嚓”的声音，那是什么声音？（踩在落叶上的声音）好玩吗？再去拿点叶子来踩。踩完了，声音变轻了，等会儿我们再去捡点落叶来踩踩，好吗？

区域活动

好看的水果

材料投放

水果轮廓底板若干、油画棒、各色绉纸、纸条、糨糊、抹布、一次性盘子、废纸筐。

玩法：

❶ 选用油画棒为“水果”涂上相应的颜色。

❷ 利用粘贴的方法，用绉纸团来装饰水果。

❸ 用撕纸粘贴的方法制作水果。

指导建议

❶ 提醒幼儿将撕下的废纸扔进废纸筐，保持地面和桌面的整洁、干净。

❷ 提醒幼儿粘贴完后先用抹布擦擦手，再去洗手。

❸ 将幼儿完成的水果作品拼成拼盘。

秋天的水果

材料投放

画有小树轮廓的画纸若干、水彩颜料、调色盘、湿抹布、记号笔。

玩法：

❶ 用手指点画的方式，在小树上点画水果。

❷ 用记号笔添画水果果柄。

指导建议

❶ 提醒幼儿点画时，注意不把颜料滴到桌上，如弄脏桌子，能用抹布将桌子擦干净。

❷ 画完画后，能自己先用湿抹布把手擦干，再去洗手。

蔬菜水果印章

材料投放

各色印泥、颜料，各种水果、蔬菜的根、茎（萝卜、芹菜、青菜、大蒜、生梨、苹果、土豆、荸荠、荔枝等），白色卡纸。

玩法：

自选蔬菜、水果的根、茎，将其蘸上各色颜料，在卡纸上自由进行拓印。

指导建议

❶ 活动前可让幼儿自己收集各种蔬菜、水果的根茎，欣赏各种大小、形状不一的蔬菜、水果。

❷ 提供的颜料水不宜过多，可放置一块海绵，作为自制印泥，同时提供小抹布，以防操作时颜料滴落。

五彩的落叶

材料投放

画有大小叶子轮廓的画纸、铅画纸，落叶、枯树枝，糨糊、废纸筐、蜡笔、剪刀、红黄绿三色颜料、毛笔、调色盘、小水桶、湿抹布、吸管。

玩法：

❶ 剪贴画：给叶子涂色并剪下，将其粘贴在枯树枝上。

❷ 拓印画：用毛笔蘸水彩颜料涂在落叶上，再将树叶印在铅画纸上，等树叶彩印干了以后再为树叶添画上手脚，“让树叶宝宝跳起舞来”。

❸ 吹画：自选一种颜色，将其用吸管吸起，滴在涂好色的树叶上，再用嘴把“树叶”上的颜色吹开，形成“树叶”上的叶脉，再把树叶剪下，粘贴在树枝或墙面上。

指导建议

❶ 提醒幼儿将剪下的废纸扔进废纸筐。

❷ 提醒幼儿使用颜料和糨糊后，将桌面擦干净，把手洗干净。

一起去秋游

材料投放

音乐伴奏。

玩法：

第一、第二小节教师边唱边按节拍走四步；第三、第四小节幼儿模仿教师的动作；第五至第八小节教师和幼儿一起按节拍走步。

指导建议

幼儿按教师指令变化动作，并跟着音乐节拍做相应的动作。

教师可变化动作，如：跑跑、跳跳、飞飞、转转等，幼儿也随之变化动作。

附歌曲：

跟着老师走走

1=F　2/4

1 1　2 3 | 1　5 | 1 1　2 3 | 1　5 |

师：跟 着　老 师　走　走，幼：跟 着　老 师　走　走，

1 1　2 3 | 4 3　2 1 | 7 5　6 7 | 1　1 ‖

走 走 走 走 走 走 走 走，跟 着 老 师　走　走。

风和树叶

材料投放

小树叶胸饰。

玩法：

❶ 教师分别在高、中、低音区弹奏相同唱名的单音，启发幼儿用不同动作表

示。如：高音区——双手上举；中音区——手放腿上；低音区——手摸地板。

❷ 幼儿戴上小树叶胸饰扮演小树叶，跟随《小树叶》音乐做轻柔飘动的动作。

❸ 教师分别在高、中、低音区弹奏《小树叶》，幼儿根据不同音高，用动作表示小树叶飘动时的不同高度。

指导建议

音乐停止时，小树叶必须飘落到地上不动了。

圈一圈

材料投放

操作底板一块、白板笔一支。

玩法：

将同一种水果圈在一起，形成桃子组、菠萝组、西瓜组、草莓组。

指导建议

可根据主题的不同提供不同类型的图片，形成不同的集合。

水果店

材料投放

各种水果、小篮子若干。

玩法：

将水果按某一特征分到不同的篮子里，并能说出分类的根据。

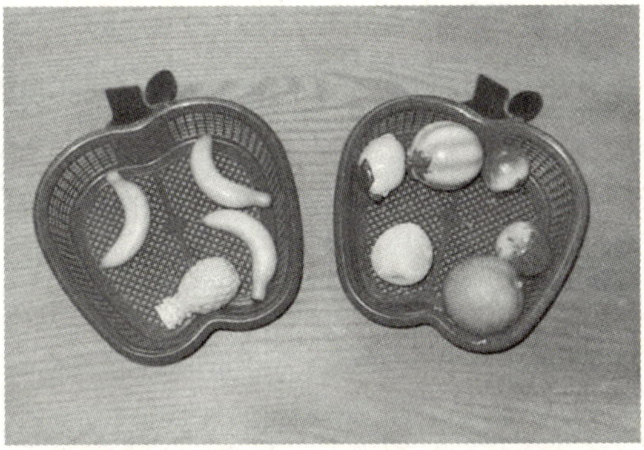

主题三
我的身体

集体活动

娃娃找五官

活动目标

能独立地为娃娃粘贴五官。

尝试用直线、曲线为娃娃添画头发。

活动准备

人手一份画好"娃娃头"轮廓的画纸，已剪好的眼、耳、口、鼻若干，固体胶、记号笔、糨糊、湿抹布若干。

没有头发的"大娃娃"画纸一张。

幼儿对眼、耳、口、鼻已有认识。

活动过程

一、游戏：我说你找。

根据教师的问题，幼儿边回答边点自己的五官。

建议指导语：鼻子在哪里？鼻子在这里（幼儿边说边点鼻子）。鼻子上面是什么？鼻子上面是眼睛（幼儿边说边指眼睛）……

二、娃娃找五官。

幼儿独自为娃娃贴上五官。

建议指导语：手指蘸一蘸，蘸完涂一涂（鼻子、嘴巴等），涂完贴一贴，贴完擦擦手。

三、娃娃长头发。

❶ 出示“大娃娃”，教师示范用直线或曲线为娃娃添画头发。

❷ 幼儿自己添画头发。

指导要点：鼓励幼儿让娃娃长出很多头发（线条越多越好）；为娃娃创意发型（直线——直发，曲线——烫卷发，直线与曲线结合）。

四、交流分享。

建议指导语：你为娃娃设计了什么发型？

能干的小手

活动目标

能在纸上有控制地画竖线和横线。

活动准备

纸、蜡笔。

幼儿已有画线条的经验。

活动过程

一、讨论：你的小手会做什么？

鼓励幼儿大胆表达自己小手会做的各种事情。

二、小手来“扫地”。

❶ 教师示范画竖线和横线。

建议指导语：拿起小扫帚（蜡笔），在纸上扫地，竖着扫，从头扫到尾，看看直不直。再换一把小扫帚（蜡笔），在纸上扫地，横着扫，从头扫到尾，看看平不平。横着扫，竖着扫，一笔从头扫到尾。

❷ 幼儿尝试在纸上“扫地”。

指导要点：一笔从头扫到尾（直线、横线中间不能断掉）；换把小扫帚（可以调换蜡笔的颜色）。

三、评价。

建议指导语：看看是不是每个地方都扫了？

活动延伸

将孩子的作品拼成一块美丽的地毯。

巧手折书

活动目标

学习对边折，尝试用对边折的方法制作小书。

体验亲手制作小书的乐趣，喜欢折纸。

活动准备

教师自制小书一本。

每名幼儿四张32开白纸，蜡笔，一台订书机、一盒订书钉。

幼儿有看书的经验，知道书是一页一页订起来的。

活动过程

一、谈话：喜欢看的书。

二、书是怎么做的?

❶ 教师出示自制小书，引导幼儿进行讨论“书是怎么做的”。

❷ 教师示范装订小书。

将两页纸分别对折—打开对折后的纸—将两页重叠在一起—在折边上订上订书钉—再将两页纸对折。

建议指导语：短边对齐折，折边抹抹平。

三、制作小书。

❶ 用对边折的方法折好两张纸。

❷ 请老师帮忙将纸整齐地叠在一起，装订。

❸ 在小书上画上自己想画的图画。

活动延伸

将幼儿制作的小书放入“图书角”，供幼儿欣赏、交流。

我有小手

活动目标

学唱歌曲，能跟随音乐有节奏地做动作，尝试将歌曲动词部分进行仿编。

在唱唱做做中知道小手可以做许多事情。

活动准备

图片三幅：小手画画、小手弹琴、小手剪东西。

活动过程

一、说说自己的小手会做什么事情。

指导要点：教师用歌曲中的节奏小结幼儿所说的内容，如：我有 小手我拍拍 拍。

二、幼儿学唱歌曲。

❶ 教师示范演唱歌曲。

❷ 教师边演唱歌曲边做动作，幼儿学做动作。

建议动作：第一小节，第一拍双手胸前点自己，第二拍双手前伸手心向上；第二小节，双手胸前拍三下手；第三至第八小节，将第一、二小节动作重复三次。

❸ 幼儿和教师一起边演唱歌曲，边做动作。

三、仿编歌曲。

❶ 教师逐一出示图片，请幼儿根据图片内容进行仿编。

建议指导语：我们的小手除了会拍拍拍，还会做这么多的事情，谁能把这些本领也唱出来呢？

❷ 引导幼儿用自己想到的动作进行仿编。

建议指导语：我们的小手还会做什么事情，你能把它唱到歌里去吗？

附歌曲：

我有小手

1=^{b}E 2/4

5 1 3 53 |5 4 4 |5 7 2 42 |4 3 3 |

我 有 小手我 拍 拍 拍，我 有 小手我 拍拍 拍，

5 1 3 53 |5 4 4 |5 4 3 2 | 1 1 ||

我 有 小手我 拍 拍 拍，我 有 小手我 拍 拍。

合拢放开

活动目标

熟悉歌词旋律，学唱歌曲，对歌唱活动感兴趣。

对自己身体部位感兴趣，能根据歌词内容做相应的动作。

活动准备

音乐《合拢放开》。

活动过程

一、游戏：合拢放开。

❶ 幼儿听有节奏的口令，用手指做合拢、放开的动作。

建议指导语：我们的小手可灵活啦，它会做许多事情，不信来试试看。

❷ 教师边做动作边提问：

× × | × × | × —
小 手　放 哪　里？

幼儿模仿动作并回答：

× × | × × | × — |
小 手　放 腿　上。

二、学唱歌词。

❶ 教师念歌词，请幼儿回忆歌词内容，说出小手能做什么动作。

❷ 幼儿有节奏地念歌词，并学做动作。

三、学习歌曲。

❶ 教师完整示范演唱两次。

❷ 播放音乐，师幼共同学唱。

❸ 教师带领幼儿边唱歌曲边做相应的动作。

建议指导语：既然我们的小手这么能干，那就让它跟着音乐一起来跳舞吧。

指导要点：动作夸张、有节奏感。

附歌曲：

合拢放开

1=F 2/4

5 5 1 1 | 5 5 1 1 | 3 · 2 1 3 | 2 — |
合 拢 放 开 合 拢 放 开 小 手 拍 拍 拍，
5 5 2 2 | 5 5 2 2 | 4 · 3 2 4 | 3 — |
合 拢 放 开 合 拢 放 开 小 手 放 腿 上，
1 1 2 2 | 3 3 4 4 | 3 · 5 4 2 | 3 — |
爬 呀 爬 呀 爬 呀 爬 呀 爬 到 头 顶 上，
2 21 7 1 | 2 3 4 2 | 5 5 6 7 | 1 — ‖
这 是 鼻 子 这 是 耳 朵 这 是 小 嘴 巴。

亲一亲

活动目标

初步学唱歌曲，理解歌词，萌发爱朋友的情感。

尝试创编歌词，进一步熟悉身体各部位名称。

活动准备

歌曲音乐。

已经知道有关身体部位的名称。

活动过程

一、听赏歌曲。

❶ 教师示范唱歌曲，幼儿边听边跟着节奏拍手。

建议指导语：和好朋友在一起心里真高兴呀，我们边听歌曲边快乐地拍拍手。

❷ 请幼儿说说听了歌曲后的感受。

二、理解跟唱。

❶ 再次听赏，幼儿回忆歌词内容。

❷ 幼儿按歌曲节奏念歌词。

❸ 幼儿跟唱歌曲。

❹ 师幼一起边唱边做动作。

三、替换歌词。

❶ 引导幼儿将“小手”替换成身体的其他部位，如小脸、头发等，并唱出来。

建议指导语：还可以亲亲什么地方，表示你和朋友在一起很高兴呢？

❷ 找朋友一起唱创编的歌词，并互相做动作。

附歌曲：

亲 一 亲

1=C 2/4

1 3 5 5 | 5 3 | 4 4 4 3 | 2 — |

你是 我的 朋 友，大家在一 起，

2 2 2 3 | 4 2 | 1 1 1 3 | 1 — ‖

亲亲 你的 小 手，心里真高 兴。

我的衣服

活动目标

能用比较的方法分辨衣服的大小。

通过活动让幼儿对自己有进一步的认识，知道自己长大了。

活动准备

大镜子三四面、幼儿用服饰每人三套（大、中、小各一套）。

装衣服的小箱子、照相机。

活动过程

一、问题导入。

今天，老师要给小朋友们拍张照片。我发现有些小朋友的衣服有点脏了，怎么办？（换衣服）

二、展示衣服。

建议指导语：不过妈妈说，她准备了三套衣服，一套是我们小时候穿的，如果我们现

在穿的话，你会有什么感觉（小）？一套是买给我们以后穿的，如果你穿上这一套会发现什么（大）？还有一套是给我们现在穿的，穿上以后会怎么样？今天妈妈不在，就请你们自己把这套正正好好、不大不小的衣服找出来，穿上后我们一起来拍照片，好吗？穿衣服的时候要注意，先把你现在的罩衣和罩裤脱掉，放在箱子里。穿好衣服以后可以到镜子旁边照一照，看看是不是正正好好、不大不小。

三、幼儿试衣。

教师巡回指导，观察和倾听幼儿比较衣服大小的方法，并对个别穿脱衣服有困难的幼儿提供帮助。

四、分享比较的经验。

❶ 目测。

❷ 将衣服与衣服比大小。

❸ 试穿。

❹ 将衣服和身体做比较。

指导建议：对于坚持穿自己喜欢的衣服的幼儿要给予包容，可以说：虽然这件衣服有点大（小），但××很喜欢，就穿着一起来拍照吧！

五、幼儿拍集体照。

区域活动

大嘴巴装牙齿

材料投放

彩泥、垫板，教师自画不同大小的、张大的、没有牙齿的嘴巴若干。

玩法：

将彩泥用搓、按、压的方式制作成“牙齿”，将“牙齿”整齐地排列在“嘴巴”里，为“嘴巴”装上“牙齿”。

指导建议

❶ 提醒幼儿在垫板上进行彩泥制作。

❷ 引导幼儿观察“嘴巴”的大小，做出合适的“牙齿”。

会动的手和脚

材料投放

不同形态的人物照片、长条手工纸、人物形象的底板。

玩法：

观察照片中的人物形态，或是根据自己的想象，用长条手工纸折出手脚，在人物底板上摆放各种动作。

指导建议

❶ 请幼儿一起收集不同形态的人物照片，可使用自己或家人的照片，也可使用书、报、杂志上剪下的插图。

❷ 引导幼儿感受身体的动作，模仿自己折出的动作来做做，然后说说这是在做什么。

拼五官

材料投放

“脸”的底板、蜡笔、剪刀。

玩法：

❶ 在“脸”上添画五官。

❷ 把添画好的脸图片剪成几大块，然后再拼出完整的脸蛋。

指导建议

❶ 引导幼儿在添画五官时注意表情的变化，如：眯着的眼睛、向上弯的嘴巴等。

❷ 鼓励幼儿拼好以后说说拼出来的是什么表情，为什么画上的娃娃做这样的表情，互相做做画上的表情。

指五官

材料投放

响板一只。

玩法：

教师指点任一五官或身体部位，幼儿马上用语言按 4/4 拍的节奏用中速说出相应五官或身体部位的名称。也可以让幼儿来做指点者，教师用响板打击节奏作为伴奏。

如：教师指自己的鼻子，幼儿马上指自己的鼻子说：

× × × ×|× × × ×|
鼻 子 鼻 子 我 的 鼻 子。

指导建议

指点者必须在幼儿念完儿歌之前指出下一个部位，保证游戏进行的节奏性和流畅性。

音乐娃娃

材料投放

进行曲、摇篮曲音乐各一首。

玩法：

听音乐做动作：听到进行曲跟随音乐有节奏地做小兵的动作，如走步、打枪等；听到摇篮曲做妈妈哄娃娃的动作，如拍、摇等。两首曲子交替进行，幼儿快速变换动作。

指导建议

❶ 引导幼儿听辨进行曲和摇篮曲的不同风格。

❷ 幼儿可以有创意地表现动作，但动作要符合音乐的风格和节奏。

拍手点头

材料投放

2 /4拍的音乐。

玩法：

❶ 教师跟着音乐做拍手点头的动作，请幼儿闭上眼睛听有什么声音。

❷ 教师再次跟着音乐做拍手点头的动作，请幼儿看看教师做了什么动作。

❸ 幼儿和教师一起做拍手点头的动作。

❹ 引导幼儿发现动作中的强弱规律。

❺ 幼儿探索其他能发出强弱规律声音的动作，如拍手拍肩；跺脚、拍腿等。

❻ 请想出新动作的幼儿带领全体幼儿听音乐做动作。

指导建议

❶ 引导幼儿感受四分音符的时值，了解2/4拍的强弱规律。

❷ 幼儿想出来的动作，要听得出明显的强弱变化。

揿　钮

材料投放

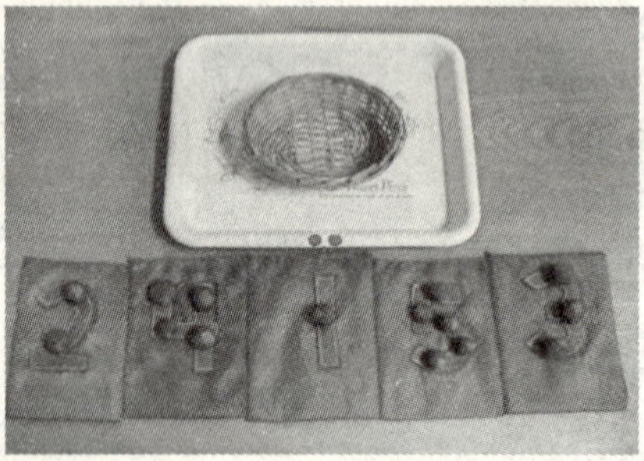

揿钮、操作底板若干（标有数字）。

玩法：

根据底板上的数字放上相应数量的揿钮。

指导建议

根据本班幼儿的能力，可以调整所提供数字的范围。

娃娃夹辫子

材料投放

身体上标有数字的娃娃、夹子若干。

玩法：

根据娃娃身上的数字夹上相应数量的夹子。

指导建议

根据本班幼儿的能力，教师可以调整所提供数字的范围。

套　娃

材料投放

套娃一套。

玩法：

将套娃一一打开，按照从大到小或从小到大的顺序进行排列。

指导建议

❶ 引导幼儿在操作过程中用语言表达出“最大”、“最小”。

❷ 也可以选用套杯，运用套和叠以及排序的方法来感知不同大小的杯子。

笔套找朋友

材料投放

不同粗细的笔若干，粗、细笔套若干。

玩法：

将笔套按颜色、粗细与笔一一对应插起来。

指导建议

可收集各种带瓶盖的塑料瓶，瓶身做成娃

娃，瓶盖做成帽子，将帽子（瓶盖）和娃娃（瓶身）一一对应，为每个娃娃戴上相应的帽子。

穿项链

材料投放

各类木珠、示意图、已穿有木珠的线（提供完整模式与不完整模式）若干。

玩法：

❶ 将木珠按照图示穿在绳子上。

❷ 根据已穿好木珠的不同排列模式接着穿。

指导建议

根据幼儿的不同水平随时调整示意图或已穿木珠排列模式的难度。

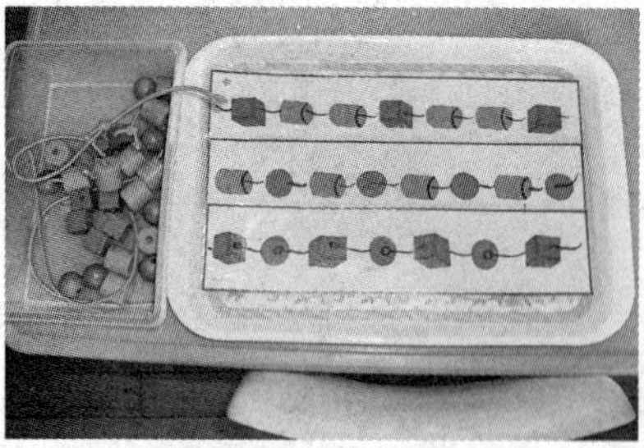

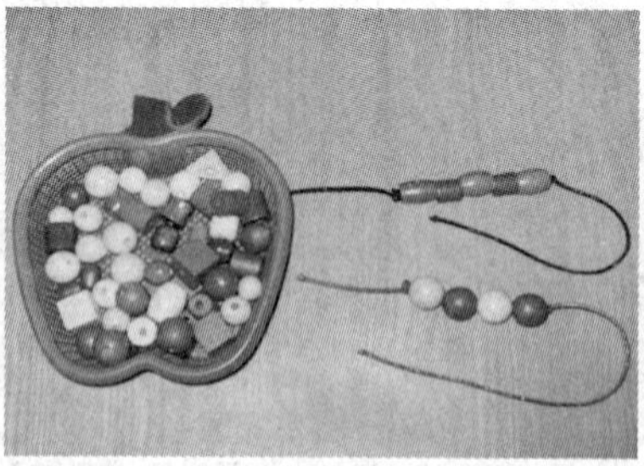

主题四
冬天

集体活动

折被子

活动目标

尝试将正方形纸和长方形纸边对边一折四。

体验动手折纸的乐趣。

活动准备

小被子一条，幼儿人手一张长方形和正方形手工纸。

幼儿已有边对边对折一次的经验。

活动过程

一、讨论。

建议指导语：睡觉为什么要盖被子？盖被子舒服吗？你会不会自己叠被子？

二、教师示范“折被子”。

将长方形纸或是正方形纸对折一次，再对折一次。

三、幼儿自己动手“折被子”，教师指导。

建议指导语：小被子铺地上，边对边做好朋友。对边折整齐，再对折放放好，整洁又干净。

活动延伸

在手工区中，提供长方形或正方形纸供幼儿练习。

娃娃家中，可准备一些薄薄的小毯子，让幼儿练习折叠的方法。

午睡时，请幼儿尝试自己折被子。

冬装展览会

活动目标

能在轮廓线内涂色，将颜色涂得均匀。

尝试根据自己的冬装设计图案，喜欢自己设计的服装。

活动准备

幼儿穿一件自己喜欢的冬装来园。

蜡笔、画有各种冬装轮廓的纸若干。

幼儿有一定装饰图案的经验和涂色经验。

活动过程

一、分享讨论。

建议指导语：你为什么喜欢自己身上的这件衣服？上面有什么图案？

二、我设计的冬装。

❶ 选择一件喜欢的“冬装”，为其涂色。

教师指导幼儿均匀地涂色，不涂到轮廓线外面。

建议指导语：一个方向均匀涂，轮廓线上不碰到。

❷ 将喜欢的图案画到“冬装”上，并涂上漂亮的颜色。

三、时装展示会。

❶ 幼儿介绍自己设计的冬装的颜色和图案。

❷ 评选最佳冬装设计师。

活动延伸

将幼儿完成的作品布置成“冬装展览会”的版面。

不怕冷的梅花

活动目标

用手指点画的方法有规律地画“五瓣形”梅花。

喜欢梅花，乐于观察植物。

活动准备

人手一张画有树枝的纸，红色颜料、调色盘、湿抹布若干。

幼儿已有观察过梅花的经验。

活动过程

一、经验再现。

幼儿交流自己观察到的梅花的颜色、花瓣的形状与数量。

二、梅花开。

教师示范用手指点画的方式，为梅花画上花瓣。

建议指导语：上面点一点，两边各一点，下面再两点。

三、幼儿点画。

指导建议：提醒幼儿颜料不要蘸太多。

四、赏梅。

建议指导语：谁的梅花不怕冷？开得最多？

奇妙的围巾和手套

活动目标

能沿着虚线画出围巾、手套的轮廓，体验发现的乐趣。

为围巾、手套设计图案，在轮廓中均匀涂色。

活动准备

记号笔、蜡笔，画有围巾、手套轮廓虚线的纸若干。

幼儿已有涂色、设计图案的经验。

活动过程

一、找奥秘。

提供幼儿画纸，让幼儿用记号笔沿着虚线画出手套和围巾的轮廓。

建议指导语：请记号笔沿着小路走一走，看看什么变出来？你发现了什么？（围巾、手套）

二、我的围巾和手套。

幼儿为围巾、手套设计图案并涂色，教师个别指导。

三、交流分享。

建议指导语：你为你的围巾和手套设计了什么图案？涂了什么颜色？

活动延伸

区角中，教师可提供各种物品的轮廓虚线，如：鞋子、外套等，让幼儿在描画的过程中去探索发现。

宝宝不怕冷

活动目标

初步感受歌曲旋律，理解歌词，愿意跟随音乐唱歌曲。

体验歌曲中宝宝不怕冷的感受，愿意坚持参加锻炼。

活动准备

对冬天季节特征有一定的体验。

活动过程

一、回忆生活经验：说说冬天的天气是怎么样的，有什么方法可以让自己暖和起来。

二、听歌曲，理解歌词。

❶ 回忆歌词内容：宝宝是怎么锻炼身体的。

❷ 教师按节奏念白，幼儿跟念。

三、唱歌曲。

❶ 引导幼儿轻声跟唱，熟悉歌词。

❷ 分段唱歌曲，节奏合拍。

❸ 再次唱歌曲，配上动作表演。

建议指导语：歌曲里的宝宝真勇敢，一点儿也不怕冷，冬天到了也能坚持锻炼身体，

我们也来学学这个勇敢的小宝宝，一起锻炼身体。

附歌曲：

宝宝不怕冷

1=C 2/4

1 3 1 3 | 5 5 5 | 6 5 3 1 | 2 2 2 |

北风 北风 呼呼呼，雪花 雪花 飘飘 飘，

北风 北风 呼呼呼，雪花 雪花 飘飘 飘，

北风 北风 呼呼呼，雪花 雪花 飘飘 飘，

1 3 1 3 | 5 5 5 | 6 5 3 1 | 2 2 1 ‖

小手 小手 搓搓搓，天天 锻炼 身体 好。

小脚 小脚 跑跑跑，天天 锻炼 身体 好。

小球 小球 拍拍拍，天天 锻炼 身体 好。

扫雪

活动目标

感受音乐速度和力度的变化，并用动作表现出来。

尝试用自己喜欢的方式表现雪花飞舞。

进一步感受冬季环境的变化。

活动准备

有关冬天的动画视频。

音乐《扫雪》。

扫雪爷爷的道具。

棉花。

活动过程

一、欣赏视频：说说看到了什么。

二、音乐表现：幼儿在歌曲音乐伴奏下做雪花飞舞的动作。

指导要点：根据音乐的速度和力度变化丰富雪花飞舞的动作。

建议指导语：刮大风时小雪花会怎样飞舞？刮小风时小雪花又会怎样飞舞？

三、熟悉歌曲。

听教师演唱，当唱到最后一句时，幼儿扮演的小雪花轻轻蹲下。

建议指导语：小雪花在空中随风飞舞，风停了，小雪花正好飘落到地上，怎样才能表示小雪花已经飘落到地上了呢？

四、游戏：扫雪。

建议玩法：幼儿围坐，教师扮演扫雪爷爷，在第二段歌曲伴唱下扫雪，扫到（碰到）的雪花（幼儿）立即轻轻移到场地中央，唱完最后一句，雪花集中在一起。

附歌曲：

扫 雪

1=C 3/4

3 4 5 | 6 5 5 — | 4 3 2 | 3 2 1 —|

北 风 吹 呼 呼 呼， 小 雪 花 飘 飘 飘，

北 风 吹 呼 呼 呼， 小 雪 花 飘 飘 飘，

3 4 5 | 6 6 5 — | 4 3 2 | 3 2 1 —|

一 朵朵 小 雪 花 在 天 空 往 下 飘。

老 爷 爷 把 雪 扫 我 们 也 把 雪 扫。

3 — 1 | 5 — 3 | 4 — 6 | 5 — —|

房 上 地 下 全 白 了，

雪 花 堆 成 小 山 了，

4 — 3 | 2 — 5 | 4· 3 2 | 1 — — ‖

房 上 地 下 全 白 了。

雪 花 堆 成 小 山 了。

找礼物

活动目标

能以自身为中心辨认前后、两边等。

在游戏中学习完整讲述方位词：上面、下面、前面、后面、里面、外面。

活动准备

红、黄、蓝、绿四色拼接板若干。

各种长毛绒小动物，这些动物玩具布置在教室中的图片。

幼儿对指令性语言有一定的倾听能力。

活动过程

一、初步辨认鼻子、耳朵、屁股的方位。

教师：你的鼻子（耳朵、屁股）在哪里？（在前面、在后面、在旁边）

二、集体游戏——找方向：感知、辨别自己与物体的方位关系。

教师："今天我们一起玩一个找方向的游戏，你们做兔宝宝，我来做兔妈妈。我捏捏鼻子你们就站到我前面的红色拼板上来；我拍拍屁股你们就站到我后面的绿色拼板上来；我拉拉耳朵你们就站到我旁边的蓝色或黄色拼板上来。"

❶ 第一次：拍屁股并口中说：快到我的后面来。检查幼儿是否站位正确。

❷ 第二次：捏鼻子并口中说：快到我的前面来。检查。

❸ 第三次：不拉耳朵，只在口中说：快到我的旁边来。 检查。

❹ 第四次：转身并拉耳朵。

讨论：为什么刚才你们站到我的旁边来，是站在黄色和蓝色拼板上，这一次站到我旁边来，却是站在了红色和绿色拼板上呢？

小结：转了方向，旁边也跟着变了。

❺ 第五次：再次转身说：快到我的后面来。知道前后也是会变化的。

三、个体活动——找动物。

（一）出示图片，请幼儿分别说出长毛绒动物的准确位置。

教师：“我们的动物朋友都在哪儿呀？请你说出它的位置。”

建议指导语：……在柜子里面，……在小树下……

（二）请幼儿说出后并按要求将毛绒动物送到教室中相应的位置。

四、带领幼儿去户外找位置。

教师发出指令，幼儿站到相应位置。

建议指导语：请你们到房子里面；船的外面；小虫的上面；房子的旁边……

区域活动

冬天的衣服

材料投放

彩笔、废旧装饰纸片、糨糊、画有衣物轮廓的画纸、压图机、各种颜色的手工纸。

玩法：

❶ 在衣物上用油画棒涂色或者用画直线或曲线等方式画一些简单的花纹。

❷ 使用压图机压出需要的花纹纸片进行装饰粘贴。

指导建议

❶ 鼓励幼儿使用不同材料进行装饰粘贴。

❷ 创设一个“服装店”，将幼儿设计的衣服进行展示。

漂亮的围巾、手套和帽子

材料投放

彩色纸花，糨糊，画有围巾、手套、帽子轮廓的画纸，油画棒。

玩法：

用油画棒进行涂色，并用小纸花来装饰围巾、手套和帽子，尝试简单的排序装饰。

指导建议

引导幼儿进行简单的、有规律的涂色和装饰。

棉线球雪人

材料投放

各种粗细、颜色的棉线，不同大小圆形的卡纸底板、胶水、即时贴纸（剪成黑色的眼睛、红色的嘴巴、鼻子）。

玩法：

❶ 选择不同大小的圆形拼贴成雪人。

❷ 在雪人身体上涂上胶水，用棉线一圈一圈粘贴在雪人身上。

❸ 简单装饰雪人，拼贴五官。

指导建议

❶ 引导幼儿绕棉线的时候顺一个方向紧密缠绕。

❷ 提醒幼儿使用胶水时，一次不要涂抹过多。

小雪花，飘呀飘

材料投放

音乐《小雪花》。

玩法：

教师用不同的速度（稍快和稍慢）弹奏《小雪花》，幼儿根据音乐中的速度变化，用不同的动作模仿小雪花在空中飘舞的不同姿态。

指导建议

❶ 在音乐速度发生变化时幼儿才可以变化动作，音乐停止，动作也停止。

❷ 教师可丰富幼儿脚上的动作：小跑步和小碎步。

❸ 开始游戏时音乐的快慢变化可以间隔时间长一点，幼儿熟练后，教师可以突然由慢变快或由快变慢，以锻炼幼儿听觉的敏锐性。

手套配对

材料投放

“手套”若干副（每只左手标有数字，每只右手标有相应数量的物体）。

玩法：

将相应的图卡和数卡配对，组成一副“手套”。

雪花片找家

材料投放

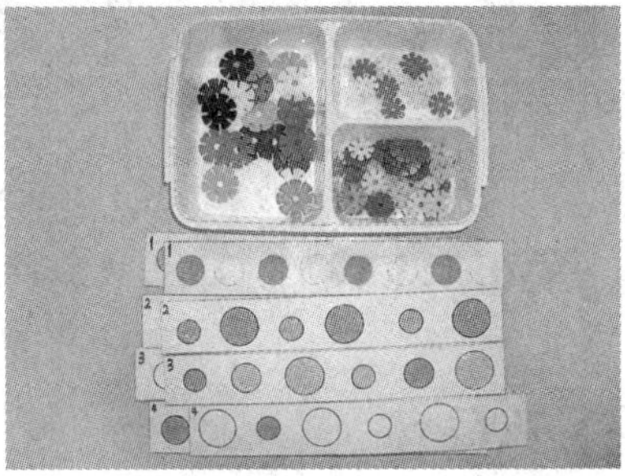

底板一块、雪花片（大、中、小均有）若干。

玩法：

根据底板上的颜色及大小摆放相应的雪花片，并通过观察，发现雪花片摆放的规律。

主题五
热热闹闹过新年

集体活动

红红的鞭炮

活动目标

尝试用棉签画鞭炮，体验棉签作画的乐趣。

感受新年里放鞭炮的热闹气氛。

活动准备

棉签、画有鞭炮线的长条纸，红颜料、调色盘若干。

录有鞭炮声的磁带或CD。

幼儿认识鞭炮，已有放鞭炮的生活经验。

活动过程

一、交流放鞭炮的经验。

播放鞭炮声的磁带或CD。

建议指导语：什么声音啊？（鞭炮声）你放过鞭炮吗？为什么要放鞭炮？

二、我们也来放鞭炮。

❶ 教师示范棉签作画：用棉签蘸红颜料，在线两边画短斜线。

建议指导语：小棉签，躺下画；小鞭炮，两边挂；短短的，斜斜的；鞭炮多，才热闹。

❷ 幼儿尝试棉签作画，教师指导。

三、游戏：放鞭炮。

幼儿手拿画好的鞭炮，教师说“放鞭炮”，幼儿就说“砰啪”，速度逐渐加快，感受放鞭炮的热闹。

美丽的烟花

活动目标

尝试运用纸团、棉签画的方式来表现烟花的美丽。

体验合作画烟花的快乐。

活动准备

放烟花的视频。

各种纸团、棉签、各种颜色的颜料、调色盘、大张白纸若干。

幼儿已有棉签画的经验。

活动过程

一、观看视频。

建议指导语：你看到什么？烟花的颜色、形状怎样？为什么要放烟花？

二、美丽的烟花。

幼儿分组，每组一张白纸，用不同方式（纸团蘸画、棉签作画等）来表现烟花。

建议指导语：小纸团，轻轻蘸，小棉签，轻轻点，你一朵，我一朵，漂亮烟花放起来。

三、交流。

建议指导语：你们的烟花是和谁一起放的？都用了什么方法来放烟花？

活动延伸

将幼儿完成的作品布置成一幅“烟花图”。

装饰新年树

活动目标

用手指点画、粘贴树叶的方法来装饰新年树。

体验新年的快乐。

活动准备

画有树干、树枝的小树若干，已剪好的大小不一的树叶，各种颜色的颜料、调色盘、湿抹布、固体胶。

幼儿已有手指点画、粘贴的经验。

活动过程

一、讨论。

建议指导语：过新年，我们的新年树也要穿上新衣服，怎么打扮才漂亮呢？

二、装饰新年树。

幼儿每人一棵小树，装饰新年树。

❶ 粘贴树叶：将树叶粘在树枝上。

❷ 挂彩灯：选择喜欢的颜色，在树上点画彩灯，彩灯越多越好。

建议指导语：片片树叶长出来（粘贴树叶），树叶上面点彩灯（手指点画），比比哪棵最闪亮。

三、交流分享。

介绍自己的新年树，还可以说说自己的新年愿望。

活动延伸

在区域中可多准备些小树和其他装饰材料，让幼儿自由装饰新年树。

大家一起放鞭炮

活动目标

能在直线两侧粘贴圆筒纸做鞭炮。

喜欢做鞭炮，体验过新年的快乐。

活动准备

粉红底板上贴有一根横着的棍子、动物图若干，长方形的红纸若干，糨糊等，圆筒状的气球人手一个，范例。

告诉孩子新年放鞭炮的民间故事。

活动过程

一、放鞭炮。

❶ 说说自己在过新年时看到过的放鞭炮的景象。

❷ 幼儿感受放鞭炮的快乐（幼儿将气球“鞭炮”放在地上，用脚将它踩爆）。

二、做鞭炮。

❶ 教师出示制作好的鞭炮，说说鞭炮的形状（长圆形的，中间是空的）。

❷ 教师示范鞭炮的制作方法：用长方形的纸卷成筒状，在纸的末端抹上糨糊。

建议指导语：小纸片，往前卷，变成一个小圆筒，纸卷边上抹糨糊，粘贴好了变鞭炮。

❸ 幼儿动手制作鞭炮，教师指导。

三、挂鞭炮。

在底板上棍子的下面画一根竖线—在线的两边粘贴上幼儿制作的鞭炮—可将小动物、小孩子的图贴在画上合适的位置—完成《放鞭炮图》。

新年好

活动目标

知道新年快要来了，并学唱《新年好》。

感受过新年的气氛，知道自己大一岁了。

活动准备

新旧年历。

歌曲《新年好》的音乐。

活动过程

一、新年到。

❶ 大家一起看日历，知道新年来到了。

❷ 互相说说新年祝福的话。

二、学唱歌曲。

❶ 教师示范唱，幼儿注意听歌词。

❷ 幼儿朗诵歌词。

建议指导语：过新年了，小朋友们都说了些什么，做了哪些快乐的事呢？

❸ 幼儿学唱，边唱边做动作。

建议动作：第一至第三小节，在每小节的第一拍胸前拍手，后两拍双手打开由胸前至

头顶向下划圈；第四小节，左手叉腰，右手曲肘于脸旁做招手状；第五小节，双手在左肩处做高低手，转手腕，一拍一次；第六小节，同第五小节方向相反；第七、八小节，重复第三、四小节动作。

三、互相拜年。

幼儿找朋友，两两互相边唱边做动作，一遍结束，幼儿交换朋友，音乐重复。

附歌曲：

新　年　好

1=F　3/4

1 1　1 5 ｜ 3 3　3 1 ｜ 1 3　5 5 ｜ 4 3　2 — ｜

新 年　好 呀，　新 年　好 呀，　祝 贺　大 家　　新 年　好！

2 3　4 4 ｜ 3 2　3 1 ｜ 1 3　2 5 ｜ 7 2　1 — ‖

我 们　唱 歌，　我 们　跳 舞，　祝 贺　大 家　　新 年　好！

铃儿响叮当

活动目标

倾听音乐，感受音乐活泼欢快的风格。

乐意用小乐器来表现音乐的节奏，尝试用两种乐器进行齐奏与分奏。

活动准备

歌曲《铃儿响叮当》的视频。

小铃、铃鼓若干。

活动过程

一、欣赏歌曲视频，跟着音乐节奏拍手。

二、听音乐做游戏：小马车。

❶ 第一部分音乐，幼儿边小跑步，边做甩鞭子的动作。

建议指导语：就像圣诞老人驾着驯鹿车在雪地上跑。

❷ 第二部分音乐，幼儿做滑雪动作。

建议指导语：圣诞老人乘着雪橇去送礼物了。

❸ 第三部分重复第一部分动作。

三、尝试用乐器表现音乐。

❶ 幼儿讨论用相应的乐器表现跑步和滑雪动作。

建议指导语：我们要用小乐器来为这首快乐的乐曲伴奏了，你们觉得什么乐器既能表示小跑步，又能表示甩马鞭呢？滑雪动作又能用什么乐器来表示呢？

❷ 分段用乐器演奏。

指导要点：节奏合拍。

建议配器：第一段，铃鼓；第二段，小铃；第三段，合奏。

❸ 在教师的提示下完整演奏乐曲。

建议指导语：圣诞老人们，我们要出发了，我来做领头人，准备好了吗？

❹ 部分幼儿用“小马车”动作表现音乐，部分幼儿用乐器表现音乐。

美丽的圣诞树

活动目标

通过装饰圣诞树的活动，体验节日的愉快气氛。

学习将不同大小、名称的物品按ABAB、AABB的模式进行排序。

活动准备

排序用丝带、排序材料人手一份。

圣诞树一棵。

已经有给物体排序的经验。

活动过程

一、谈话导入：圣诞树上有什么？

二、穿挂件。

幼儿自由选择材料和穿法，将装饰物有规律地穿成挂件。

建议指导语：每张桌子上面放着几个小篮子，有的篮子里是小球，有的篮子里是圣诞老人，有的篮子里已经穿好一些挂件了。请小朋友看看是怎么穿的，是随便穿的呢还是排好队有规律穿的，请你接着往下穿。有一些没穿好，不过里面有小卡片，看着卡片上的样子来穿。还有一些，什么都没有，随便你怎么穿，不过有个要求，一定要排好队有规律地穿。

❶ 看卡片排序（完整模式）。

☆ 卡片上图案与实物一致。

☆ 卡片上用不同符号表征实物。

❷ 接着排（不完整模式）。

❸ 自由创编排序模式。

三、打扮圣诞树。

穿好的幼儿互相介绍自己的作品后，将装饰物挂上圣诞树。

四、结束。

演唱：《We Wish You a Merry Christmas》。

圣诞礼物

活动目标

认识不同形状的礼品盒，并进行装饰。

乐意与大家分享送礼物的感受。

活动准备

正方形、三角形、圆形的礼品盒样纸图案。

教室中布置圣诞树，并在树下堆放三种形状的礼物盒。

蜡笔人手一份。

幼儿对正方形、三角形、圆形有认知经验。

活动过程

一、欣赏礼物，认识三种形状的礼物盒。

将幼儿带到圣诞树下，让幼儿从形状及色彩来欣赏圣诞礼物。

建议指导语：这些都是什么形状的礼物盒？

二、形状分类游戏。

让幼儿把圣诞树下的礼物按形状分类。

三、装饰礼物盒。

让幼儿自由选择不同形状的礼物盒样纸进行装饰，并分享送礼物的想法。

指导建议：引导幼儿认识圣诞节的颜色（红和绿），指导幼儿一些装饰的技巧；在分享时可请小部分幼儿在集体面前分享，一部分幼儿互相分享，教师将他们的话语记录下来，引导他们说出：我的××（形状）的礼物盒中装的是××，我要送给××。

四、评价活动。

幼儿在互相欣赏作品之后，教师引导幼儿从涂色的技巧及装饰上的创意来评价。

区域活动

制作圣诞礼物

材料投放

深绿色环状卡纸，深、浅绿色的叶瓣，红色绒球，丝带蝴蝶结，红色和金色的纸条、油画棒、彩纸、定型棉、靴子底板、剪刀、白胶、固体胶。

玩法：

❶ 在绿色环状卡纸上面装饰上不同深浅绿色的树叶，在树叶上面再粘贴上红色的绒球作为果子，最后装饰上丝带蝴蝶结制作成花环。

❷ 将红色和金色的纸条做成纸环间隔地穿在一起，再用固体胶进行连接固定，制作成彩链。

❸ 用油画棒为靴子涂色，并选用喜欢的材料装饰靴子。

指导建议

鼓励幼儿将在区域制作的各种圣诞礼物，挂到班级的大圣诞树上，装饰圣诞树。

圣诞树

材料投放

树形绿色卡纸三张，装饰用的亮片、铃铛、毛球，各种形状的装饰纸片、彩色米粒、果壳等，剪刀、胶水。

玩法：

将三张树形纸背对背粘贴成为三面立体的圣诞树，每一面分别用各种材料进行装饰粘贴。

指导建议

提醒幼儿三张树形纸都要背对背粘贴。

做鞭炮

材料投放

红色长方形纸、剪刀、金色即时贴条、胶水、塑料绳带。

玩法：

❶ 将长方形纸卷成圆柱体，用胶水固定，在上下两头分别用金色即时贴剪出的长条进行装饰。

❷ 用带子把鞭炮穿成串。

指导建议

用穿好的鞭炮点缀节日的教室环境。

新年贺卡

材料投放

各种形状贺卡底板，各种颜色，各种形状图形，胶水，剪刀。

玩法：

❶ 选择一张贺卡底板，用各种颜色，各种形状图形进行粘贴装饰。

❷ 请教师帮助，把自己想说的话记录下来，把贺卡送给自己想送的人。

指导建议

❶ 鼓励幼儿制作不同的卡片。

❷ 帮助幼儿记录想说的话，引导幼儿送给想送的人或设立贺卡展示区。

小铃和铃鼓

材料投放

小铃、铃鼓若干。

玩法：

❶ 教师念谜语，请幼儿猜：“一对好朋友，两个小喇叭，叮叮叮叮叮，唱歌

真好听。它们是什么？”

❷ 教师出示小铃，演示正确演奏方法，强调轻声碰击。幼儿模仿小铃声音。

❸ 教师在隐蔽处敲击铃鼓，请幼儿说说声音和小铃有什么不同。

❹ 出示铃鼓，演示正确演奏方法，强调用手指拍鼓面，手腕轻轻抖动。幼儿徒手模仿演奏铃鼓。

❺ 幼儿分成两组，一组拿小铃，另一组拿铃鼓，在教师的动作或语言提示下，幼儿敲击相应的乐器。

❻ 交换乐器，游戏继续。

指导建议

游戏时，没有轮到演奏的一组，须保持手中乐器的安静。

小猪找福

材料投放

小铃、铃鼓、响板各一，A3纸大小的“福”字若干。

玩法：

❶ 教师演奏乐器，幼儿听声音，说出其名称，并用动作表示。如：小铃——拍手；响板——拍腿；铃鼓——跺脚。

❷ 地上放“福”字，幼儿按照教师的指令去找“福”字。如教师说：小铃，幼儿就在教师敲击小铃时马上站到“福”字上。

❸ 教师变化指令，游戏继续。

指导建议

地上的“福”字比参加游戏的人数少一个，逐一淘汰以最终站到“福”字上者为胜。

给好朋友送花

材料投放

插有班级幼儿照片的小房子背景板一块（窗台上写有1~5不同的数字）、小花图片若干。

玩法：

幼儿根据窗台上的数字，送给好朋友相应数量的小花。

指导建议

❶ 制作的小花不宜过大，否则会影响幼儿的视线。

❷ 鼓励幼儿边送小花边说说自己朋友的名字。

糖果排队

材料投放

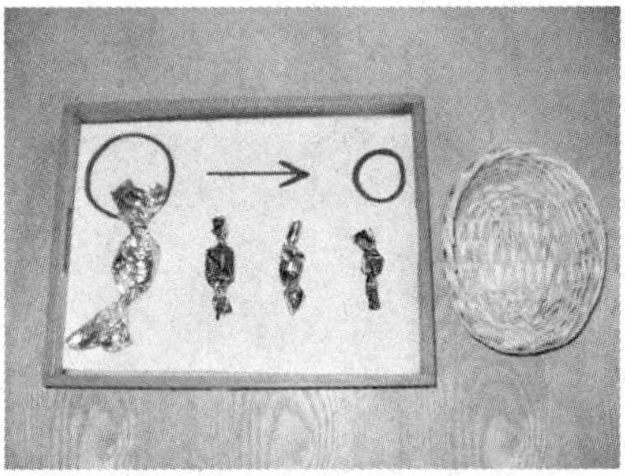

糖果、图示卡片若干。

玩法：

根据图示要求把糖果按从大到小或从小到大的顺序排列。

指导建议

❶ 可以把糖果换成纽扣、木珠等材料来比较大小。

❷ 引导幼儿找出最大的和最小的。

主题六
闹元宵

集体活动

小动物灯笼

活动目标

用撕、贴的方式制作小动物灯笼。

体验自制灯笼的快乐。

活动准备

各种动物形状的空白纸，每人一个空牛奶盒，绉纸、手工纸、报纸若干，糨糊、固体胶，做好的小兔灯笼一个。

幼儿已有元宵节挂灯笼的生活经验。

活动过程

一、元宵节做什么？

建议指导语：这两天我看到马路上、幼儿园里到处都挂灯笼，过的是什么节呀？元宵节我们要做些什么有趣的事情啊？

二、小兔灯笼来了。

教师出示做好的小兔灯笼，幼儿观察，了解制作小动物灯笼的材料和制作步骤。

❶ 将空的牛奶盒作为灯笼。

❷ 选择自己喜欢的小动物图形贴在灯笼上，注意：灯笼两边的小动物要一样。

建议指导语：灯笼两边的小动物要像照镜子一样。

❸ 选择喜欢的颜色纸，将其撕成条状，整齐地粘贴在小动物的身上。

建议指导语：小动物们也想过元宵，让我们把它们打扮一下吧！这美丽的彩带就像小动物身上漂亮的毛。

三、幼儿自己制作动物灯笼，教师指导。

四、分享交流。

介绍自己做的灯笼和灯笼的名字。

活动延伸

将幼儿制成的灯笼挂起来，成为“元宵一景”，也将灯谜挂在灯笼下方，供幼儿进行猜谜游戏。

画花灯

活动目标

学习用方形、圆形及线条组合来画花灯，并为花灯涂上漂亮的颜色。

感受元宵节挂花灯的热闹气氛。

活动准备

幼儿自带各种灯笼。

方形、圆形灯笼范例，记号笔、蜡笔、纸，喜庆的节日音乐。

幼儿已有自制灯笼的经验。

活动过程

一、出示灯笼范例，做比较。

建议指导语：元宵节的灯笼各种各样，这两个灯笼有什么不同（形状、颜色）？除了方形和圆形，还有其他形状的灯笼吗？

二、画花灯。

❶ 选择一种图形来画灯笼，并为灯笼涂上好看的颜色。

建议指导语：节日的灯光真好看，看看你的灯笼会发出什么颜色的光呢？

❷ 在灯笼的顶端画一根细细的棍子，在灯笼的底部画许多直线表示流苏。

三、舞花灯。

放音乐，幼儿跟随着音乐，手拿作品自由舞动，并向同伴介绍自己的灯笼。

兔子灯

活动目标

欣赏各种款式的兔子灯、生肖灯、彩灯，知道兔子灯与元宵节的联系。

动手制作简单的兔子灯，感受元宵节的快乐。

活动准备

幼儿收集的各种各样的兔子灯，废旧纸盒、各色手工纸、蜡笔，剪刀、固体胶。

幼儿有制作小动物灯笼的经验。

活动过程

一、欣赏各种各样的兔子灯、生肖灯、彩灯。

二、制作兔子灯。

❶ 用废旧纸盒做兔子的身体，用手工纸等粘贴装饰。

❷ 用手工纸剪出兔子耳朵，将其粘贴到兔子灯头部。

❸ 画上兔子眼睛、嘴。

❹ 装上轮子或提杆（由教师帮忙）。

三、兔子灯游行。

幼儿提着或牵着自己的兔子灯在幼儿园里举行游园会。

数灯笼

活动目标

在充分听赏的基础上，愿意尝试唱歌曲。

根据音乐有节奏地表演动作。

活动准备

观赏过各种灯笼。

画有十个灯笼的图片。

活动过程

一、听赏歌曲。

❶ 出示灯笼的图片让幼儿数一数有几个灯笼。

❷ 听歌曲，引导幼儿拍节奏。

二、理解跟唱。

❶ 再次听赏并提问：数到第十个灯笼要干什么？

❷ 幼儿跟唱歌曲。

三、游戏：数灯笼。

❶ 幼儿唱歌，教师逐一点数幼儿，数到的幼儿用有创意的动作表示自己是一个大灯笼，唱到“第十个灯笼”时，该幼儿要上前一步并做动作。

建议指导语：你想变成一个怎样特别的灯笼呢？请你用动作表示出来。

❷ 引导幼儿动作合拍，灯笼的动作可以不断变化。

建议指导语：灯笼有许多种，每一个灯笼都是不一样的，你还能变出怎样的灯笼呢？

附歌曲：

数 灯 笼

1=F 4/4

1 1 1 1 | 3 5 3 3 1 | 2 2 2 2 | 7 2 7 5 5 |

一 个 两 个 三 个 大 灯 笼， 四 个 五 个 六 个 大 灯 笼，

1 1 1 1 | 3 5 3 3 1 | 5 4 4 3 2 | 1 1 1 — ‖

七 个 八 个 九 个 大 灯 笼， 第 十 个 灯 笼 快 出 来。

敲锣打鼓

活动目标

欣赏欢庆锣鼓的视频，体验节日的欢乐。

欣赏歌曲，尝试用小锣和小鼓按歌曲内容进行合奏。

活动准备

欢庆锣鼓的视频。

小锣、小鼓人手一个。

歌曲。

活动过程

一、欣赏欢庆锣鼓的录像，引发幼儿兴趣。

二、欣赏歌曲。

❶ 完整欣赏歌曲。

提问：歌曲里的小朋友敲的是哪两种乐器？它们会发出什么声音？

❷ 听音乐，有节奏地模仿敲小鼓和小锣的动作。

❸ 听音乐，跟唱歌曲。

❹ 幼儿分成两组，分别演唱歌曲。

建议指导语：鼓和锣要进行比赛了，比一比谁的声音最好听。第二段的时候，它们又变成了好兄弟，一起来唱歌。

三、用小锣和小鼓进行合奏。

❶ 幼儿听听小鼓和小锣的声音，指认出小鼓和小锣。

❷ 幼儿根据歌曲内容分组合奏歌曲。

指导要点：表现出大小鼓、大小锣的强弱不同。

建议指导语：大锣和大鼓是大哥哥力气大，嗓音响，小锣和小鼓是小妹妹力气小，声音轻。

❸ 交换乐器，进行演奏。

❹ 幼儿边唱歌曲边演奏。

附歌曲：

锣 和 鼓

1＝C　2/4

3　5｜ 1 1　1 ｜ 6　1｜5 5　5｜ 3　5｜ 2 2　2｜ 3　5｜ 1 1　1 ‖

大 锣　哐 哐 哐，小 锣 锵 锵 锵，大 鼓　嗵 嗵 嗵，小 鼓　咚 咚 咚。

大 锣　和 小 锣，它 们 亲 又 亲，大 鼓　和 小 鼓，都 是　好 兄 弟。

区域活动

搓元宵

材料投放

各色彩泥、垫板、塑料空碗。

玩法:

将小团彩泥放在掌心进行搓圆，搓好的“元宵”放入碗中。

指导建议

1. 鼓励幼儿将彩泥搓得一样圆。
2. 可以结合点心店的角色进行游戏。
3. 提醒幼儿不把彩泥弄在地上，用完后，将彩泥的盖子盖上。

漂亮的灯笼

材料投放

废旧纸盒、生肖图片、双面胶、蜡笔、小棒、各色彩纸团、一次性纸盘、彩色丝带、玻璃胶、剪刀。

玩法:

1. 利用废旧纸盒拼搭灯笼，在拼制好的灯笼上用各色彩纸团装饰，并贴上涂好色的生肖图案。

❷ 在纸盘上用水彩笔或蜡笔涂上漂亮的颜色。在画好的纸盘上方粘上一根丝带做挂绳；在下方粘上几根丝带做穗。

指导建议

将制作好的灯笼悬挂在教室中装饰。

拉兔灯

材料投放

兔子的底板、白色的绉纸或者宣纸、红色即时贴、废旧纸盒、绳子、胶水。

玩法：

❶ 用撕纸的方式为兔子粘贴身上的毛。

❷ 用即时贴剪出兔子的眼睛、嘴巴并贴上。

❸ 将做好的兔子粘贴在盒子的两边，教师帮助固定好绳子，幼儿可以拉兔子灯玩。

指导建议

拉兔子灯时，可以引导幼儿念有关元宵的儿歌，唱歌曲等。

敲锣打鼓放鞭炮

材料投放

人手一个锣和一个鼓。

玩法：

第一小节，左手做提锣动作，右手食指伸出，做准备敲锣状。第二小节，右手做敲锣状，一拍一次，边说：“哐、哐。”第三四小节，重复第一二小节动作。第五小节，双手握拳放于胸前，各伸出食指做小棒，做准备打鼓状。第六小节，食指轮流做上下打鼓状，边说：“咚咚咚咚、咚。”第七小节，伸出右手食指做点鞭炮状，左手捂住耳朵。第八小节，第一拍双手握拳于胸前，含胸，第二拍跳起双手斜上举，并说：“嘭、啪。”

指导建议

幼儿手上的动作要和语言节奏一致。

附乐曲：

敲锣打鼓放鞭炮

1= C　2/4

5　5|5　3　5　6　|　1̇　3̇　2̇1̇6　|

5　5|1̇1̇1̇2̇　1̇·6　|　5556　5·3　|

2　5　6532　|1　1̇　‖

搓圆子

材料投放

数字卡、橡皮泥若干。

玩法：

根据数字卡上的数字用橡皮泥搓出相应数目的圆子。

指导建议

对于能力较弱的幼儿，可提供点卡以降低难度。

比长短

材料投放

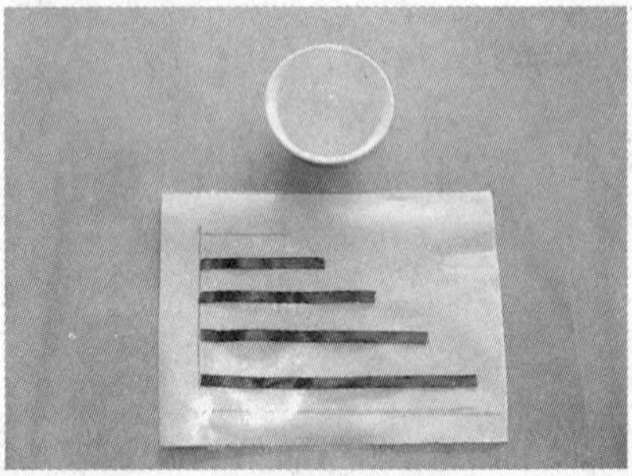

操作底卡一张、长短不一的缎带若干。

玩法：

根据底卡提示将缎带按照由长到短或由短到长的顺序进行排列。

指导建议

引导幼儿在操作过程中用语言表达出“最长”、“最短”。

竖旗杆

材料投放

有突起小塑料杆的底板一块、彩色旗杆（可插入小塑料杆）若干。

玩法：

❶ 将旗杆按照颜色间隔的规律，根据由低到高或由高到低的顺序插在底板上。

❷ 放置1~5根旗杆，每根都套上同一颜色、相应数量的圆珠。

主题七
我爱我家

集体活动

美丽相框送妈妈

活动目标

愿意用绘画、粘贴的方式为妈妈制作相框，大胆想象。

想一句祝福妈妈的话，表达对妈妈的爱。

活动准备

妈妈的照片，各色卡纸、水彩笔、固体胶、各种图案的小印花。

幼儿欣赏、观察过各种相框的图片、实物。

活动过程

一、交流讨论。

拿着妈妈的照片，说说我的妈妈长什么样（外貌、体型等）。

二、制作相框。

❶ 挑选一张卡纸作为底板，将妈妈的照片粘贴在底板上。

建议指导语：妈妈的照片是花芯，旁边留一圈花边，等会儿可以把妈妈的相片打扮得更漂亮。

❷ 选择自己喜欢的制作方式装饰相框，教师指导并帮助个别幼儿。

三、相框展示。

建议指导语：你用什么方法来做相框的？画了什么？粘贴了什么图案？送妈妈相框时，想对妈妈说什么？

活动延伸

幼儿将相框带回家送给妈妈，并对妈妈送上爱的祝福。

和妈妈拍照

活动目标

学习用两个图形连接（头和身体）和线条组合画人。

感受和妈妈一起拍照时亲亲热热的情感。

活动准备

幼儿有与妈妈一起拍照的生活经验。

和妈妈的合照若干，记号笔、蜡笔、纸。

活动过程

一、欣赏照片。

建议指导语：妈妈和宝宝谁大谁小？妈妈的头发怎样？宝宝的头发怎样？妈妈穿什么衣服？宝宝穿什么衣服？

二、我和妈妈拍张照。

❶ 教师示范画妈妈和宝宝。

指导要点：

☆ 正确画出人物的形态，注意妈妈和孩子的大小对比。

建议指导语：头是什么形状？身体什么形状？几只手？几只脚？妈妈画得大还是宝宝

画得大？

☆ 为宝宝和妈妈添上头发、五官等，并穿上漂亮的衣服。

☆ 注意画面布局，宝宝和妈妈靠靠拢，显得很亲热。

建议指导语：宝宝和妈妈要相亲相爱在一起，靠得近一点，别人一看就知道宝宝爱妈妈，妈妈也爱宝宝。

❷ 幼儿自由画画，教师指导。

活动延伸

给“照片”画背景。

妈妈的项链

活动目标

尝试将塑料小花片、吸管用间隔穿的方式为妈妈制作项链。

乐意为妈妈穿项链，把妈妈打扮得漂漂亮亮。

活动准备

每人一份各色塑料小花片，剪成2cm长的吸管若干和细绳子。

幼儿在区域活动中有随意穿珠子的经验。

活动过程

一、说说爱美的妈妈。

建议指导语：平时你的妈妈是怎么打扮自己的？（化妆、戴首饰、烫头发等）妈妈的节日就要到了，我们能为妈妈做些什么礼物呢？

二、教师示范穿项链。

教师可演示1~2种穿的方法（如：一个花片一个吸管、两个花片两个吸管等）让幼儿模仿尝试。

建议指导语：花片和吸管是好朋友，它们排出不同的队形就能让这串项链变得很漂亮。

三、制作妈妈的项链。

幼儿模仿教师的串法，为妈妈设计项链；幼儿也可在模仿教师的基础上，自己尝试新的间隔穿法。

四、项链展示。

说说自己是用什么方法来穿项链的。

活动延伸

在区域中，可提供不同的绳子长度，让幼儿为妈妈设计手链、腰链等，练习间隔穿的方法。

准备一些妈妈头像，将幼儿制成的项链为妈妈戴起来。

幼儿将制作的项链带回去送给妈妈，并对妈妈说："妈妈，你真漂亮！"

我和妈妈心连心

活动目标

尝试沿轮廓线剪出心形卡片，并装饰卡片。

感受妈妈心中爱宝宝、宝宝心里想妈妈的浓浓亲情。

活动准备

画有心形轮廓的卡纸，蜡笔、剪刀、记号笔。

幼儿有沿直线剪纸的经验。

活动过程

一、谈话。

建议指导语：宝宝在幼儿园的时候，妈妈心里很想宝宝，不知道宝宝在幼儿园里乖不乖、本领学得好不好，那你们不在妈妈身边的时候，有没有想妈妈呢？想妈妈了怎么办呢？

二、制作心形卡片。

❶ 幼儿剪下心形卡片，教师帮助个别能力较弱的孩子。

建议指导语：剪刀就像一条小鳄鱼，一大口就能把纸剪开，眼睛要看着纸上的线，剪刀咬住线，"一口一口"对齐剪。

❷ 为剪下的心形卡片做装饰。

三、想对妈妈说……

请教师帮忙在卡片上写下想念妈妈的话。

娃娃家

活动目标

初步学唱歌曲，在歌曲中自然地应答教师的问话。

乐意参与表演唱，体验活动的乐趣。

活动准备

米、锅子、水。

玩娃娃家的有关经验。

活动过程

一、回忆“妈妈”在娃娃家淘米、煮饭的动作。

教师出示米、锅子、水，幼儿说说、看看、学学淘米、煮饭的动作。

二、学唱歌曲。

❶ 教师演唱。

❷ 教师再次演唱，引导幼儿自然应答教师的问话。

❸ 引导幼儿边听边为歌曲配上动作。

指导要点：动作与歌词、节奏相匹配。

建议动作：双手淘米，把米放进锅，按下按钮，开始煮饭。然后，深呼吸闻一闻香味，饭煮好了，拍手真高兴。

❹ 师幼一起边唱边表演。

三、表演。

幼儿两人一组随着音乐边唱边做动作。

附歌曲：

娃 娃 家

1=C 2/4

6 3 | 6 3 · | 2 5 | 2 5 · | 3 2 3 | 5 — |

淘 米 淘 米， 煮 饭 煮 饭， 闻 一 闻，

× × × × × | × × · | 2 3 2 3 | 5 6 3 2 | 1 · 2 | 1 — ‖

师：好了没有啊？幼：好了！ 我 们 来 玩 娃 娃 家 呀！

厨房恰恰恰

活动目标

乐意发现、模仿厨房里的声音，尝试创编不同的节奏。

体验用厨房用品即兴敲击节奏的乐趣。

活动准备

节奏明快的恰恰音乐。

幼儿自带玩具厨房用品：碗、筷、鸡蛋。

厨房里的声音录音。

活动过程

一、听厨房间的录音。

提问：是什么房间里的声音？你听到了厨房里的什么声音？

二、打蛋。

❶ 出示碗、鸡蛋、筷子。

❷ 教师示范打蛋节奏$\times\times|\ \underline{\times\times}\ \times|$。

指导要点：动作清晰，节奏明快。

❸ 幼儿模仿。

三、厨房用品演奏会。

❶ 幼儿自选一样厨房用品，创编一小节节奏，结合动作表现出来。

建议指导语：今天，我们要用厨房用品来开一个演奏会，用厨房用品做乐器，来敲出你们刚才创编的节奏。

如：用铲子炒菜，嚓嚓嚓嚓；

用刀切菜，嗒嗒嗒嗒嗒等。

❷ 配合音乐边跳边敲节奏。

摇篮曲

活动目标

倾听音乐，感受《摇篮曲》宁静、柔美的风格。

尝试用轻柔的动作表现妈妈哄宝宝睡觉的场景。

活动准备

音乐《摇篮曲》。

布娃娃（人手一个）。

活动过程

一、感知音乐风格。

倾听音乐，幼儿说说听后的感觉。

二、理解音乐内容。

❶ 再次倾听音乐，同时教师表演舞蹈《摇篮曲》。

❷ 请幼儿说说音乐里讲了一个什么故事。

三、表现音乐。

❶ 启发幼儿说说妈妈是怎么哄自己睡觉的。

❷ 幼儿边听音乐边表演《摇篮曲》，有节奏地、轻柔地表现出“哄宝宝”的动作。

建议指导语：小宝宝要睡觉了，抱着小宝宝，轻轻地，不要吵醒他，拍拍他，摇摇

他，亲亲他，哼哼小曲。

妈妈的礼物

活动目标

在观察、比较、操作中掌握几何图形的基本特征。

在亲身参与有趣的情景活动中提高按物体的形状、颜色进行分类的速度。

活动准备

实物投影仪、录音机。

超市情景创设；各种图形的饼干；大嘴妈妈头像四个（嘴巴分别为圆形、正方形、长方形、三角形）。

活动过程

一、情景导入：三·八妇女节到了，去超市买饼干送给妈妈做礼物。

二、情景游戏：开心分饼干。

（一）按形状分类。

❶ 用投影仪显示订购单（用图示法表示四个大嘴妈妈头像与相应形状的饼干的对应关系）。

❷ 幼儿根据订购单，在超市选购饼干。

❸ 将所选购的饼干送到相应的大嘴妈妈嘴里。

❹ 师生共同检查分类结果。

（二）按颜色及形状分类。

❶ 用录音机播放订购电话，倾听分类要求。

❷ 看实物投影，观察分类要求。

圆形大嘴妈妈——红色包装的圆形饼干。

正方形大嘴妈妈——黄色包装的正方形饼干。

长方形大嘴妈妈——绿色包装的长方形饼干。

三角形大嘴妈妈——蓝色包装的三角形饼干。

❸ 幼儿再次选购，并将所选购的饼干送到相应的大嘴妈妈嘴里。

❹ 师生共同检查分类结果。

区域活动

妈妈的发型

材料投放

各种宽度的纸条、固体胶、剪刀、妈妈头像。

玩法：

用卷纸、剪纸片、制作纸环、纸环连接的方式，为自己妈妈设计发型。

指导建议

做妈妈的卷发时，可以用笔、尺等工具作为辅助，变换发型。

做颗草莓送妈妈

材料投放

剪刀、白纸、彩色纸、记号笔，“爱心妈妈”主题背景。

玩法：

❶ 将圆形纸对折成半圆，重叠粘贴后成圆锥形，作为草莓。在草莓上点上小点，进行装饰，制作成一只可爱的小草莓，送给妈妈。

❷ 将自己制作的草莓装饰在“爱心妈妈”的主题版面上。

指导建议

❶ 圆形纸对折后，可以指导幼儿根据草莓的形状进行修剪。

❷ 草莓可以用红色纸做，也可以用白纸做好再涂上颜色。

亲情树

材料投放

妈妈和孩子的合影、绿色纸、大树背景、蜡笔、彩色纸、胶水、剪刀。

玩法：

❶ 将合影粘贴在绿色纸上，并剪成心形（心形轮廓可由教师事先在照片上勾勒出）。

❷ 将照片粘贴在树叶上，装饰大树。

指导建议

❶ 将幼儿作品布置成教室“亲情树”的背景。

❷ 提醒幼儿使用剪刀、胶水时的安全及常规，使用完毕后，物归原处。

我为妈妈做新衣服

材料投放

蜡笔、白纸、彩纸、糨糊、贴纸、小剪刀、轧图机、衣裙的底板。

玩法:

为妈妈的衣裙涂色，并运用轧图机轧出的花样进行衣裙的装饰。

指导建议

❶ 涂色的时候，引导幼儿先涂衣裙周边，然后再涂衣裙当中的颜色。

❷ 将制作好的衣裙展示出来。

高个子和矮个子

材料投放

音乐，高人、小兵、矮人的图片和头饰。

玩法:

幼儿选择头饰来扮演角色进行游戏，教师轮流弹奏不同音区的音乐，相应的角色做自己的动作，其他角色原地不动。

☆ 听到高音区的音乐，扮演高人的幼儿用动作表现出高人走路，如：踮着脚、双手高举等。

☆ 听到中音区的音乐，扮演小兵的幼儿就学小兵神气地走路。

☆ 听到低音区的音乐，扮演矮人的幼儿就学矮人走路，如：弯着腰、蹲着走等。

指导建议

做错动作的幼儿表演一个小节目。

袋鼠妈妈

材料投放

音乐，大熊头饰。

玩法：

❶ 有一名幼儿扮演大熊先躲起来，其余幼儿边唱“曲一”边做袋鼠动作。

❷ 听到“曲二”，袋鼠妈妈和小袋鼠原地站住做木头人；大熊出场，边走边找走动的小动物。如果有小动物走动了，就会被大熊带回家。

❸ “曲二”结束，大熊回家，袋鼠妈妈和小袋鼠边唱“曲一”边跳回家。

附歌曲：

曲一：

袋　鼠

1=C　2/4

5 3 5 3 | 1 2 | 3 3· | 6 5 3 5 | 2 2 | 3 2· |
袋鼠妈妈　有个　袋袋，袋袋里面　装着　乖乖，

6 6 5 | 6 3 | 1 2 3 | 3 — | 2 2 | 3 5 | 1 — ‖
乖乖和　妈妈　相亲相　爱，　相亲　相　爱。

曲二：

大　熊

1=C　4/4

1 1 5 5 | 1 3 5 — | 4 4 3 3 | 2 3 1 — ‖（低八度弹奏）

家具展览

材料投放

画有各种家具的卡片、标有数字和点子的卡片若干。

玩法：

找出与卡片上家具数一致的数字（点子）卡片。

指导建议

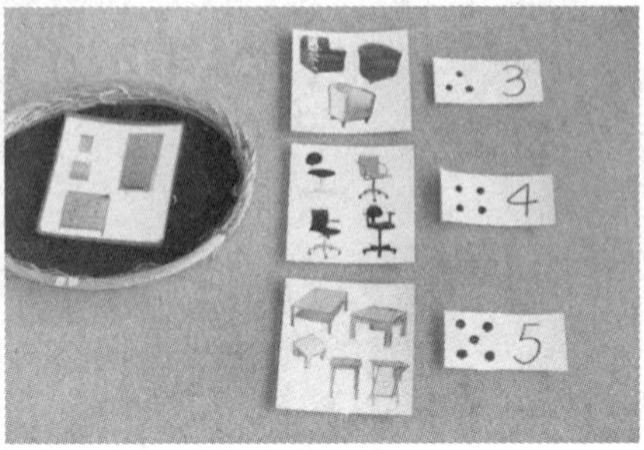

❶ 对能力较弱的幼儿，教师可以和其一起点数，让幼儿说出总数，帮助幼儿逐步了解点数与总数之间的关系。

❷ 本套材料是结合“家”的主题制作的，教师也可根据主题内容的变化调整材料，更改卡片图案的内容。

我的家

材料投放

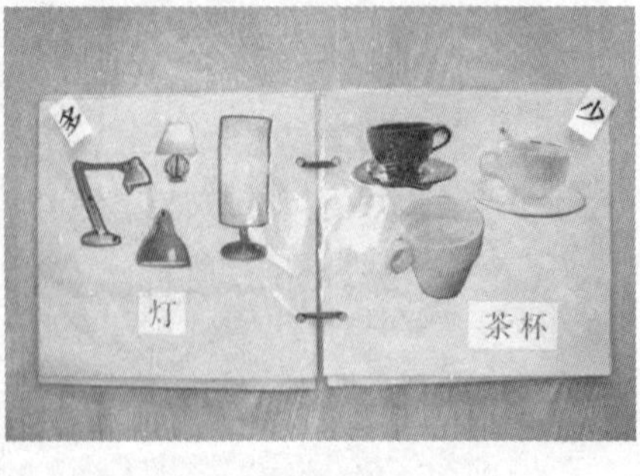

自制图书一本（左右两边的图案数目不同），写有“多”和“少”的字卡若干。

玩法：

将书本左右两部分的图案进行数量上的比

较，在多的那页贴上“多”字，少的则贴上“少”字。

指导建议

❶ 每当翻页，教师可提示幼儿说说图上的实物。

❷ 制作中，教师可设计由易到难的层次递进：两组物体数量在5以内，两组物体数量差异明显；两组物体数量超过5但未超过10且数量差异不明显，如少1或者多1。

圆形找家

材料投放

操作底板一块、大小不一的圆形笑脸卡片若干。

玩法：

看看玩玩，将圆形笑脸卡片按大小不同放到操作底板上的相应位置。

指导建议

可以相同形式进行其他图形的配对练习（见下图）。

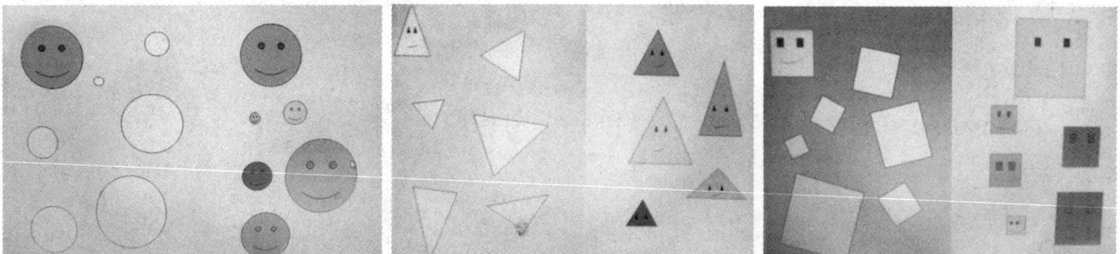

图形送回家

材料投放

操作底板一块，各种大小的彩色圆形、三角形、正方形卡片若干。

玩法：

把彩色的圆形、三角形、正方形卡片送到和它们各自形状相同的“家”中。

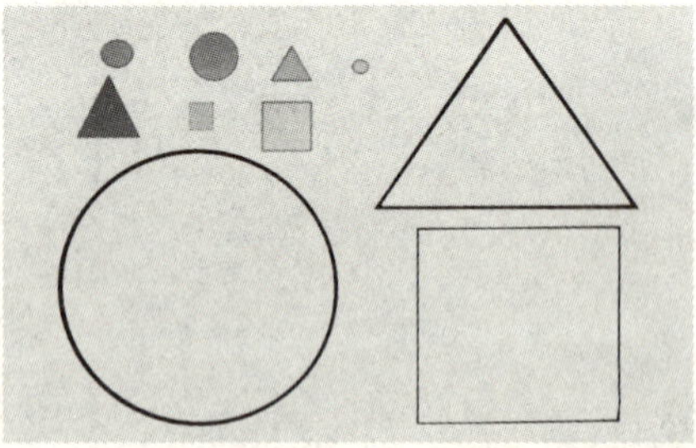

指导建议

引导幼儿摆放前先仔细观察图形的特征，再进行操作。

小房子

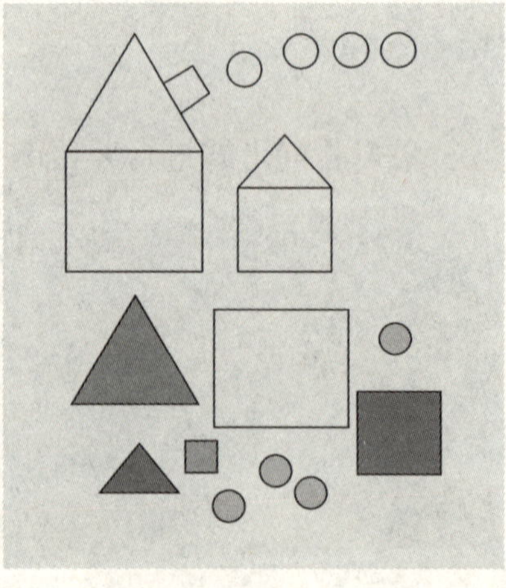

材料投放

操作底板一块，各种形状、颜色的卡片若干。

玩法：

将各种形状、颜色的卡片放入操作底板中相应的位置。

物品分类盒

材料投放

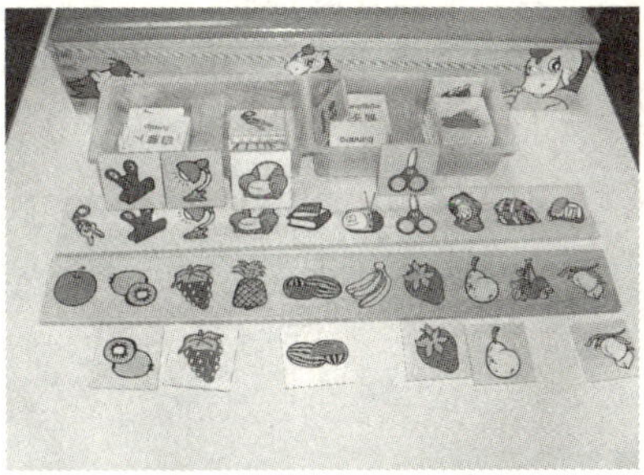

物品卡片一套、分类盒若干。

玩法：

说说卡片上物品的名称，并将物品卡片分类放进相应的分类盒里。

超市货物分类

材料投放

标有数字 2~6 的图形底板、各种超市货物的图片（各类货物的数量相应的也是 2~6 不等）若干。

玩法：

❶ 在图形框周围贴有代表数量多少的小图案，形成数量为2~6的物品分类框。

❷ 幼儿根据图片上货物的数量多少，把图片放到对应的图形框内。

为妈妈穿项链

材料投放

各色花片、每段长 4 cm 的塑料吸管、绳子若干。

玩法：

用花片和塑料吸管间隔地穿项链。

指导建议

❶ 根据幼儿能力水平引导幼儿利用两种或两种以上材料间隔地穿。

❷ 也可以延伸到为妈妈穿手链、腰链、脚链，引导幼儿穿不同长度的链子。

主题八
春 天

集体活动

春天的校园

活动目标

尝试将看到的、喜爱的春天景色画下来。

体验在春天的幼儿园里写生的乐趣。

活动准备

幼儿观察过幼儿园里的春天景色。

大垫板、画纸、蜡笔每人一份。

活动过程

一、找春天。

建议情景：幼儿和教师坐在幼儿园的大草坪或花园里。

建议指导语：说说幼儿园哪里的春天景色最漂亮？为什么？

二、我喜欢的春天的幼儿园。

幼儿选择一处喜欢的景色，把它画下来。

建议指导语：画画的时候，就像自己拿着一部"数码相机"，把你喜欢的景色框在"数码相机"里面（用两只手的大拇指和食指做成长方形框，当作相机的镜头），每一次都对准这个角度，就不会画错了。

三、分享我的作品。

建议指导语：你画的是哪一处的景色？你画了些什么？

四、教师小结。

建议指导语：这样的画画形式叫做“写生”，下次我们再去发现其他美丽的景色，再为它们写生！

柳树弯弯腰

活动目标

熟悉棉签画，练习画弧线和小点。

感受柳树的形态美。

活动准备

棉签、绿颜料、调色盘，画有柳树树干的纸每人一张，柳树图片。

幼儿有对柳树的认识。

活动过程

一、出示柳树图片。

建议指导语：这是什么？（柳树）它长得怎么样？枝条是怎么样的？是什么颜色的？

二、教师示范用棉签画柳条和嫩芽。

建议指导语：春天，柳树的枝条长得都弯下了腰；枝条上还长出了嫩嫩的新芽。

三、幼儿操作练习，教师指导。

建议指导语：看看谁的柳树“辫子”最长？比一比谁的柳树长出最多的小嫩芽？

活动延伸

将幼儿完成的作品布置成一幅“柳树林”。

五颜六色的花

活动目标

学习用封闭和不封闭圆形的组合画花。

感受春天花儿五颜六色的美。

活动准备

纸、蜡笔、记号笔、范例画一幅。

幼儿具备一定的画圆形的技能；观察过幼儿园里五颜六色的花。

活动过程

一、出示范例。

建议指导语：春天来了，花园里开了一朵花。它是什么颜色的？它的花蕊是什么形状的？（圆形）它的花瓣是什么形状的？（半圆）

二、五颜六色的花。

建议指导语：一朵小花在春天的花园里真孤单，怎么办呢？（再多种一些小花吧）小花有了许多朋友，肯定会很开心的！

❶ 教师示范：先画圆形花蕊，再画半圆形花瓣，然后添上茎、叶。

❷ 请个别幼儿上来尝试画花蕊和花瓣。

❸ 幼儿尝试创作。

建议指导语：让花园变得热闹一些！（多画几朵花）花园里的每朵花都一样吗？（给小花涂上不同的颜色）

三、我画的花。

和同伴交流自己画的花有哪些颜色，比比谁的花颜色多。

活动延伸

将幼儿完成的作品布置成一幅“春天的花园”。

花儿开

活动目标

学习用橡皮泥制作平面花。

大胆想象、创造，体验制作橡皮泥花的乐趣。

活动准备

塑料垫板若干、各色橡皮泥、范例。

幼儿有欣赏花、画花的经验。

活动过程

一、出示范例。

建议指导语：这是什么？是用什么做的？（橡皮泥）

二、教师示范制作橡皮泥花。

❶ 选一个喜欢的颜色，取一小块橡皮泥，搓成小圆球，放在垫板上压平成为

花瓣，做出多个花瓣后，拼摆成一朵花。

❷ 取一点橡皮泥搓成长条，放在垫板上压平，作为花的茎和叶，和花朵拼搭成一朵完整的花。

三、幼儿创作，教师指导。

❶ 鼓励幼儿发挥想象，花瓣多一点，花蕊和花瓣的颜色可以不同。

❷ 提醒幼儿不同色的橡皮泥不放在一起揉搓。

建议指导语：橡皮泥喜欢干干净净地住在自己家里。

活动延伸

将操作材料投放至区角中，供幼儿发挥想象，创造不同造型的花。

小蝌蚪捉迷藏

活动目标

能区分圆形、方形、三角形，尝试画出不同形状的叶子。

喜欢“小蝌蚪找妈妈”的故事，会画小蝌蚪。

活动准备

蜡笔、纸，故事录音磁带。

听过“小蝌蚪找妈妈”的故事。

活动过程

一、经验再现。

建议指导语：听过“小蝌蚪找妈妈”的故事吗？小蝌蚪最后找到妈妈了吗？它们的妈妈是谁啊？喜欢这个故事吗？

二、教师示范画叶子和蝌蚪。

❶ 画叶子。

建议指导语：小蝌蚪出去玩，青蛙妈妈找不到它们了，它们在哪呢？原来它们躲在叶子下。

教师在纸上画上圆形、三角形、方形的叶子，幼儿辨认叶子的形状。

❷ 画蝌蚪。

建议指导语：蝌蚪的头在这里（点一下），转转转，圆圆的、小小的（涂染的方法画头），弯弯的尾巴在后面，小蝌蚪游起来。

三、小蝌蚪捉迷藏。

❶ 幼儿画出各种不同的叶子，并给叶子涂上颜色。

建议指导语：给叶子穿上深深的绿颜色。先涂轮廓，再把里面填填满。小手用力气，颜色浓浓的。

❷ 在叶子之间，添画小蝌蚪。

指导要点：鼓励幼儿画不同方向的蝌蚪。

四、再听一次“小蝌蚪找妈妈”的故事。

春 天

活动目标

喜欢节奏和律动活动，乐于用简单的语言和动作来表现自己对春天季节变化的感受。

愿意倾听音乐，喜欢集体活动。

活动准备

春天背景图一幅。

幼儿对初春的变化有一定的经验积累。

活动过程

一、律动：骑小车。

幼儿边唱边做律动。

二、语言节奏：美丽的春天。

鼓励幼儿把对春天的感受有节奏地用语言来表达。

三、歌曲：《春天》。

❶ 听赏歌曲，进一步熟悉歌词。

❷ 用肢体动作来进一步感受歌词。

建议动作：第一小节，双手上举，手心相对，左右摇摆四次；第二小节，双手掌根并拢，手指打开放于下巴下做小花，快速摇头；第三小节，双手叉腰；第四小节，弯腰两次；第五小节，双手打开在两侧做蝴蝶翅膀上下飞动四次；第六小节，双手手背相对，屈肘放于胸前做蜜蜂翅膀，手臂前后晃动；第七、第八小节，双手上举于头顶，两手虎口相对，按节奏微微摇动四次。

❸ 引导幼儿用较整齐自然的声音来演唱歌曲，表达对春天的感受。

建议指导语：春天到了，温暖的春风吹在小朋友的脸上，感觉怎么样？让我们闭上眼睛，想象自己就是美丽的春姑娘，啊！春天来了。

附歌曲：

春 天

1=D 4/4

3 5 2 3 1 5 | 6 1 6 1 5 — |

春天天气真 好， 花儿 都开 了，

6 7 1 6 5 1 3 5 | 3 2 1 — |

杨柳树儿对着我们 弯 弯 腰。

3 5 2 3 1 1 5 | 6 1 6 1 5 — |

蝴蝶姑娘飞来了， 蜜蜂 嗡嗡 叫，

6 7 1 6 5 1 3 5 | 3 2 1 — |

太阳公公对着我们 眯 眯 笑。

下雨了

活动目标

熟悉歌曲旋律，感知并仔细听辨歌曲中强弱力度的对比。

大胆尝试用自己喜欢的方式（语言、动作、歌声等）表现音乐的不同强弱力度。

活动准备

歌曲录音、多媒体课件《大雨与小雨》（不同的雨景）。

各种自制乐器。

幼儿观察和聆听过大雨和小雨的情景及声音。

活动过程

一、欣赏歌曲旋律，感受强弱不同。

教师弹奏钢琴，请幼儿仔细倾听下什么雨。

指导要点：感受音乐中的强弱变化。

建议指导语：什么时候是大雨？什么时候是小雨？

二、欣赏多媒体课件，进一步感受大雨和小雨的不同。

引导幼儿结合自己的实际生活经验，大胆表述大雨和小雨有什么不一样？

三、多种方式表现强弱力度。

❶ 动作表现。

指导要点：鼓励引导幼儿大胆用动作表现出自己对大雨和小雨的不同感受。

建议指导语：我们试试用自己的身体动作来表示大雨和小雨。

❷ 乐器表现。

请幼儿自选乐器，尝试表现大雨或小雨。

指导要点：能讲述自己选择的理由。

附歌曲：

下 雨 了

1=F 4/4

3 3	2 2	1	—	|	3 3	2 2	1	— |
小 雨	落 下	来，			小 雨	落 下	来，	
大 雨	落 下	来，			大 雨	落 下	来，	
3 3	2 2	3 3	2 2	|	3 3	2 2	1	— ‖
嘀 嗒	嘀 嗒	嘀 嗒	嘀 嗒，		小 雨	落 下	来。	
哗 啦	哗 啦	哗 啦	哗 啦，		大 雨	落 下	来。	

蝴蝶、蜜蜂飞呀飞

活动目标

愿意用身体动作表现蝴蝶飞舞的样子。

在学唱歌曲的基础上，尝试改编简单歌词。

活动准备

对称印染的纸制蝴蝶样品一个。

幼儿每人自制的蜜蜂作品。

活动过程

一、倾听感受、引起兴趣。

教师弹奏优美的旋律，幼儿倾听并感受。说说听了音乐，想到了什么。

二、理解歌词、初步学唱。

❶ 教师示范唱（2～3遍）。

请幼儿说说听到歌曲里唱了什么。

❷ 幼儿轻声跟唱（2～3遍）。

建议指导语：你们看，那朵花上有一只漂亮的蝴蝶，我们用歌声来唱出蝴蝶的美丽，但是要轻轻的，不然蝴蝶要被我们吓跑的。

三、做做玩玩、尝试改编。

❶ 幼儿跟着蝴蝶样品，边飞边唱。

指导要点：在结束句时请幼儿创造性地用身体动作表现蝴蝶合拢翅膀的样子。

建议指导语：蝴蝶停在花朵上时，会有什么美丽的姿态呢？

❷ 改编歌词。

建议指导语：蝴蝶飞走了，一群蜜蜂“嗡嗡嗡”地飞来了，它们身穿什么衣服呢？

鼓励幼儿改编歌词，如：蜜蜂呀蜜蜂真呀真美丽，头戴着金丝，身穿条纹衣；飞呀飞呀飞呀飞，每天飞在花园里。

❸ 请幼儿拿出自己在活动区中制作的蜜蜂，一边唱一边飞，重复2～3遍。

附歌曲：

蝴蝶飞呀飞

1=D　2/4

3 4　5 | 3 4　5 | 5 5　5 6 | 5 — |
蝴蝶　呀　蝴蝶呀，真呀真美　丽。

6　6 6 | 5　3 | 2 2　2 3 | 2 — |
头　戴着　金　丝　身穿花花　衣。

3 · 3 | 3　4 | 5　6 | 5 — |
飞　呀　飞　呀　飞　呀　飞，

5 i 5 3 | 4 3　2 | 3 3 3　2 | 1 — ‖
每天飞在　花园里，快乐地游　戏。

搭车去春游

活动目标

运用重叠对应的方法比较两组物体的多少。

对春游活动充满兴趣。

活动准备

操作材料每人一套、小椅子若干。

活动过程

一、集体讨论。

建议指导语：春天到了，天气暖和了，你们想去春游吗？

我们要去世纪公园春游，怎么到那里？

二、搭车游戏。

将小椅子排成汽车座位的样子，请孩子来乘车。

（一）座位与乘客一样多。

❶ 幼儿逐一“上车”，每人找一个位子坐下。

❷ 比一比，说一说：座位多还是乘客多？

（二）座位与乘客不一样多（少一个或多一个）。

❶ 比一比：座位多还是乘客多？座位比乘客多或少几个？

❷ 想一想：怎么样才能使座位和乘客一样多？

三、请小动物一起去春游。

❶ 将小动物图片粘贴到车子上，一个动物一辆车。

❷ 粘贴完后，比较小动物多还是车子多。

❸ 讨论：怎样使动物和车子一样多。

区域活动

漂亮的小鱼

材料投放

小鱼的底板、画好的彩色鱼鳞、彩色笔、油画棒、剪刀、糨糊、小毛巾。

玩法：

剪下鱼鳞，将鱼鳞按小鱼身上画的线条进行排列粘贴，装饰小鱼。

指导建议

对于动手能力较强的孩子，可以鼓励他们自己画鱼鳞再剪下粘贴。

小蝌蚪找妈妈

材料投放

小蝌蚪找妈妈复印图案、水粉颜料、毛笔、油画棒。

玩法：

先用油画棒为小蝌蚪和妈妈涂色，然后用蓝色或绿色水粉颜料画水。

指导建议

❶ 提醒幼儿，把笔放在水桶内轻轻洗，不把水泼出来。

❷ 可以结合春天的大背景图片，把作品布置到大背景图中。

柳 条

材料投放

绉纸、即时贴剪的小叶片、糨糊、抹布。

玩法：

尝试用扭一扭，拧一拧的方法将绉纸制作成柳条，将小树叶对称粘贴在柳条上。

指导建议

❶ 结合春天的背景，在教室墙面上的大柳树的树干上粘贴幼儿制作的柳条。

❷ 也可将制作好的柳条挂在班级教室里或走廊里布置环境。

百花园

材料投放

各种颜色的手工纸、郁金香的折纸步骤图、绉纸、彩泥、剪刀、糨糊、抹布、花的底板、彩色笔。

玩法：

❶ 给喜欢的花的底板涂色并剪下，并用彩泥或者纸团装饰花瓣。

❷ 根据提供郁金香的折纸步骤图，看图折花。

☆ 将正方形手工纸对折成三角形。

☆ 将两边的角沿着对面角折叠。

☆ 将折叠好的两个三角往里翻折，形成小正方形。

☆ 轻轻将“藏好”的两个三角往外拉，并压平形成花朵造型。

❸ 根据步骤折叶子。

☆ 将正方形手工纸对折成三角形。

☆ 将三角形的一个角往对边折。

☆ 两边翻折至对边中点，并压平形成叶子造型。

☆ 将“郁金香”和“叶子”组合起来。

指导建议

布置一个“百花园”，让幼儿把制作的各种花种在花园中。

蝴蝶飞飞

材料投放

手工纸、固体胶 、玻璃胶、抹布、剪刀、记号笔、毛根、彩色笔、油画棒。

玩法：

❶ 尝试根据步骤图用手工纸折成蝴蝶身体。

❷ 为蝴蝶装饰花纹，注意对称。

❸ 用毛根在蝴蝶身体中间扎出两个触角。

❹ 利用固体胶或玻璃胶把自己制作的蝴蝶贴在版面上。

指导建议

可提供对称的图案给幼儿作为参考。

蝴蝶找花

材料投放

大花、小花若干。

玩法：

❶ 幼儿听音乐表现蝴蝶飞（动作轻柔优美）。

❷ 教师用不同的强弱力度表现雷声的轻响，如果听到轻轻的雷声，幼儿就找一朵小花躲雨；如果听到响响的雷声，幼儿就找一朵大花躲雨。

❸ 一名幼儿扮演小雨点，找没有躲到小花下面的蝴蝶。被雨淋湿的蝴蝶就飞到旁边休息。

❹ 游戏可重复进行（提醒幼儿，生活中如遇雷雨，不可在大树下避雨）。

指导建议

大花和小花的数量要比蝴蝶少，每次游戏都减少花朵数量，最后剩下的蝴蝶就是胜利者。

敲击乐器做动作

材料投放

四种不同的乐器（小铃、响板、铃鼓、大鼓）。

玩法：

❶ 教师逐一敲击乐器，请幼儿听辨并用象声词模仿乐器发出的声音。

❷ 引导幼儿用不同的动作来表示不同的乐器。如：听到小铃的声音就拍手，听到大鼓的声音就跺脚等。

❸ 教师变换乐器，幼儿用不同动作表示（注意变化的速度应由慢到快）。

❹ 幼儿选择喜欢的乐器，分成四组。教师做动作，幼儿敲击相应的乐器。

指导建议

幼儿分组玩乐器时，没有轮到的小组，要保持手里乐器的安静。

数字风筝

材料投放

各种不同形状和颜色的发泡塑料、自制风筝底板、数字卡片。

玩法：

根据风筝上的数字，用相同数量的形状组成风筝线。

指导建议

鼓励幼儿说说自己的风筝线是由哪些形状组合成的。

小花小树长大了

材料投放

垫板一块、塑封好的不同大小的小花和小树图片若干。

玩法：

将小花和小树按大小规律排序。

指导建议

当幼儿用一种方法完成了排序后，可以引导幼儿用不同的方法进行排序，如：由小到大、由大到小、间隔排列等。

在一起

材料投放

操作底板一块、白板笔一支。

玩法：

将同一种花圈在一起，形成黄花的集合和红花的集合。

指导建议

根据幼儿的不同能力提供画有不同物品、不同颜色和不同数量的操作卡，帮助幼儿形成各种集合的概念。

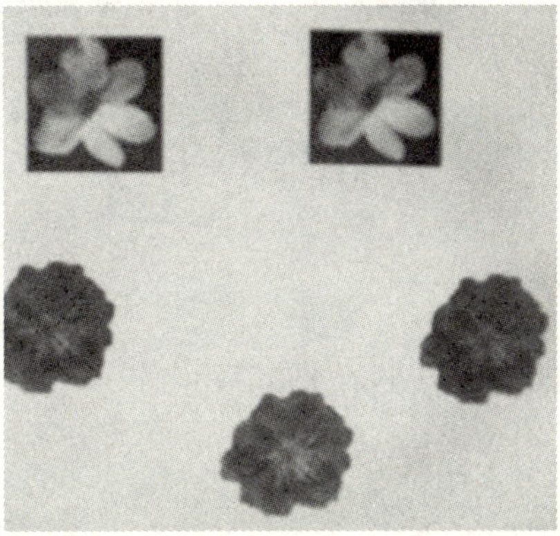

主题九
各种各样的车

集体活动

车轮滚起来

活动目标

仔细观察，根据大小将车轮粘贴在相匹配的车子上。

喜欢自己设计的车。

活动准备

无车轮、大小不一的车的轮廓图若干，大小不同的圆片若干；固体胶、蜡笔。

观察过不同大小车子的车轮。

活动过程

一、观察图片。

建议指导语：这是什么？车子少了什么？（车轮）车轮有什么用？

二、车轮滚起来。

选择自己喜欢的车辆，根据车子的大小，为自己的车子选择合适的车轮，进行粘贴，并给车子涂上自己喜欢的颜色。

建议指导语：你开的是什么车？是大车还是小车，应该给它装什么样的车轮？

三、开车喽。

说说我的车是什么样的。

活动延伸

将幼儿的作品布置成“汽车展览会”版面。

搬家喽！

活动目标

学习画大小方形，能大胆地用图形和线条表现物体的基本特征。

了解卡车的用途，知道可以用卡车来搬运货物。

活动准备

画好的卡车、记号笔，冰箱、电视机、衣橱简图（教师用）。

幼儿有画方形的经验。

活动过程

一、讨论。

❶ 出示卡车图片。

建议指导语：小明要搬家了，那么多家具怎么搬呢？（卡车）用什么东西来装，家具才不会压坏呢？（箱子）

❷ 出示冰箱、电视机、衣橱简图，做大小的比较。

建议指导语：这个家具应该放在大箱子里还是小箱子里？所以，卡车上的箱子有大的、也有小的，才能把家里的东西都搬走！

二、搬家喽。

❶ 幼儿在卡车上画上大小方形。

建议指导语：上下边要平，两边要直；箱子之间要靠拢，箱子放得多，家具也装得多。

❷ 在方形里画上自己想放进去的家具。

建议指导语：想想大小箱子里要放什么家具？把它们装进箱子里吧。

三、分享交流。

说说我的箱子里都装了什么家具。

美丽的车痕

活动目标

尝试用车轮滚画，感受颜色和花纹的变化。

体验大面积作画和集体作画的乐趣。

活动准备

幼儿自带玩具小车一辆、每组一张大铅画纸、范例画一张、各色颜料、湿抹布。

幼儿有使用颜料的经验。

活动过程

一、猜猜是谁画的画？（车轮）

教师出示车痕画一张，引导幼儿猜猜作画的材料。

二、车轮是怎样画画的?

教师示范：将蘸有颜料的汽车车轮在纸上滚过。

建议指导语：小车开进加油站（蘸颜料），来回开一开，发动一下准备好（轮子上都蘸到颜料），小车小车来画画（车轮放在大纸上），笔直开，拐弯了，小车画画本领大（注意不要停）。

三、美丽的车痕。

幼儿分组，在大纸上滚画，观察自己的车轮和同伴的车轮滚出的花纹之间的区别，体验大家一起画的快乐。

热闹的马路

活动目标

大胆想象，用绘画的形式表现自己在马路上看到的事物、景象。

体验大家一起创作的快乐。

活动准备

❶ 每人一小张白纸，记号笔、蜡笔、剪刀、废纸小筐、固体胶若干，每组一张大铅画纸。

❷ 幼儿观察过马路时的事物、景象。

活动过程

一、讨论：马路上有什么?

二、我喜欢马路上的……

将幼儿按所喜欢的事物分组，例如：汽车组、大树组等等。

三、热闹的马路。

将各自的作品通过商量、布局，粘贴到大纸上。

四、各组交流：我们的大马路。

活动延伸

将每组的作品拼成一幅大的“热闹的马路”图。

三轮车

活动目标

感受轻快的旋律，并初步理解歌词的幽默。

体验与同伴一起游戏的快乐。

活动准备

纸盒制作的“三轮车”若干（数量为幼儿人数的一半）。

活动过程

一、理解歌词。

❶ 教师根据歌词大意自编小故事“乘车”，进行讲述，引起幼儿兴趣。

❷ 教师示范唱，幼儿倾听歌词内容。

建议指导语：你觉得奇怪在哪里？

二、学唱歌曲。

❶ 幼儿跟着教师学唱歌曲。

☆ 有节奏地念歌词。

☆ 轻声演唱歌曲。

指导要点：吐字清晰，节奏准确。

建议指导语：这么有趣的一件事，我们在唱歌时一定要一个字一个字地唱清楚，让大家都知道有这么一件有趣的事。

❷ 幼儿边做开车状，边唱歌。

三、游戏：小司机。

建议玩法：幼儿半数当小司机，半数当乘客；小司机开着“纸盒小汽车”停在乘客的面前，说声“请上车”，乘客就可“上车”，并告诉司机自己要去的地方；跟随音乐，小司机开车；音乐结束，将乘客送到目的地后，乘客“付钱”，并向司机道“再见”。司机和乘客可以交换游戏。

附歌曲：

三　轮　车

1=C　4/4

1　1　2 · 3 | 5　5　3 — | 5　5　6 · 7 | 1̇　1̇　5 — |
三 轮 车，　跑 得 快，　上 面 坐 个 老 太 太，

1̇　1̇　6 · 5 | 3　6　5 32 | 1　23　5　65 | 3　2　1　0 ‖
要 五 毛，　给 一 块，　你 说 奇 怪 不 奇 怪？

洒水车

活动目标

初步学唱歌曲。

通过演唱歌曲，进一步了解洒水车的作用。

活动准备

对洒水车有一定的了解。

活动过程

一、猜谜。

嘟嘟嘟嘟，嘟嘟嘟嘟，跑一路唱一路，后面拖个大水壶，不浇花儿浇马路。

二、律动：洒水车。

指导要点：熟悉节奏：× ×|×̲ ×·|。

建议玩法：两名幼儿合作，一个坐车头，一个做水箱。听歌曲开洒水车，边开洒水车边学洒水车唱歌：嘟　嘟|嘟̲　嘟·|。

三、学唱歌曲。

❶ 听教师示范演唱歌曲。

❷ 再次听教师演唱，幼儿根据节奏拍手。

建议指导语：用小手来唱歌。

❸ 幼儿跟唱歌曲。

四、游戏：洒水车。

两名幼儿合作，边唱边开洒水车。唱完后，根据教师弹奏的不同音区，模仿洒水的不同高度。

附歌曲：

洒　水　车

1=F　2/4

5̣ 1 | 2̲ 3· | 5̣ 1 | 2̲ 3· | 2̲ 2̲ 3̲·1̲ | 2̲ 2̲ 2 |

嘟 嘟　嘟 嘟，嘟 嘟　嘟 嘟，跑 一 路　唱 一 路，

2̲ 2̲ 3̲·1̲ | 6̣̲ 6̣̲ 6̣ | 5̣ 1 | 3̲ 2 1̲ | 2 6̣ | 1 5̣ | 1 — ‖

后 面 拖 个 大 水 壶，不 浇 花 儿，　浇 马 路。嘟 嘟 ！

好玩的车

活动目标

能够根据车辆的某一特征进行分类，在分类的过程中了解车辆的多样性。

愿意向他人介绍自己喜欢的事物。

活动准备

幼儿从家中带来的各种玩具车辆。

有分类的经验。

活动过程

一、汽车博览会。

创设“汽车博览会”的场景，幼儿在情景中自由与朋友交换玩汽车玩具，介绍自己的汽车的名字、颜色、轮子的数量、作用等。

小结：车子的形状、颜色、轮子的数量、功能各不相同。

二、汽车分类游戏。

按汽车的不同特征进行分类。

建议指导语：我们的汽车博览会里的车子太乱了，参观的人都弄不清楚了，我们把这些汽车分一分，把它们放到不同的展区。

（一）按车的外部颜色分类。

（二）按照车的功能分类（载人或载物的车；一般的汽车或有特殊用途的汽车）。

（三）按照车轮的多少分类。

三、提出问题，引发思考。

建议指导语：汽车轮子的多少和汽车的功能有没有什么关系呢？请你们回去后动动脑筋，想办法去找找答案。

开火车

活动目标

学习观察物体的不同属性（大小、高矮、颜色、形状等）。

大胆尝试，根据某一特征，按一定规律搭建火车。

活动准备

布置火车站情境：在活动场地布置出各种带有规律的序列，如：颜色间隔排列的小路、标记、大小间隔的候车椅、红绿两种颜色间隔排列的蘑菇（小花）等。

人手一个火车头，空车厢若干（在车厢上分别装饰不同颜色、不同几何图形或不同大小的物体）。

活动过程

一、集体活动——“开火车”。

❶ 跟随音乐，教师做车头，有意识地以一男一女的排列模式邀请男、女幼儿做车厢，玩“开火车”游戏。

❷ 全部幼儿乘上“火车”后，请幼儿观察“车厢”的排序规律（一男一女），让幼儿初步体验两种不同属性的物体交叉重复出现，感知序列。

二、“火车站”里的“秘密”。

幼儿参观“火车站”，找找“火车站”里哪些是有规律地排列的。

☆ 颜色间隔排列的小路、标记。

☆ 大小间隔的候车椅。

☆ 颜色不同的蘑菇（小花）。

三、个体活动——“搭火车”。

建议指导语：现在要搭建一列自己的小火车，要注意看清车厢有些什么不同，怎样搭建才会更漂亮？

幼儿自由观察图案各异的车厢，按自己的意愿选择材料，搭建出一列有规律的火车。

四、交流成果。

幼儿介绍自己的火车车厢是按怎样的规律排列的。

汽车轮子有多少？

活动目标

通过数汽车轮子的活动，发现汽车轮子的数量不同，并对汽车轮子的多少与汽车用途的关系进行粗浅的讨论。

在活动中巩固数数、比较多少的数学经验。

活动准备

轮子数量不同的汽车卡片若干。

数字卡片若干。

活动过程

一、回忆经验，讨论：汽车的轮子一样多吗？

二、数车轮。

教师分发汽车卡片，幼儿数出卡片中汽车轮子的数量。

三、交流分享。

❶ 幼儿将卡片贴到黑板上，介绍自己数出的数量，并贴上相应的数字卡片。

❷ 提问其他幼儿是否有轮子数量相同的、但车子种类不同的卡片，并进行介绍。

❸ 小结：哪些汽车的轮子最多？它们有几个轮子？ 哪些汽车的轮子最少？它们有几个轮子？

四、引入新经验。

讨论：为什么有的汽车轮子多，有的汽车轮子少？

区域活动

漂亮的汽车

材料投放

各种车型的底板、绉纸、即时贴碎片、蜡笔、糨糊、橡皮泥、停车场的大底板。

玩法：

选择喜欢的材料装饰汽车，将自己装饰的汽车贴在大型汽车停车场内，相同类型的汽车停在一个区域中。

指导建议

❶ 启发幼儿选用不同材料。

❷ 引导幼儿数数停车场有几种车，同一种车有几辆。

汽车开来了

材料投放

彩色纸、黑色记号笔、步骤图、糨糊、抹布、不同大小的车轮。

玩法：

将手工纸按照步骤图剪折出汽车的轮廓，在汽车轮廓上画上车窗、车门等，并选择合适的车轮进行粘贴。

☆ 将正方形手工纸对折成长方形。

☆ 两边往里翻折一个三角形（如图）。

☆ 剪两个圆形粘贴在对折开口边，成为“车轮”。

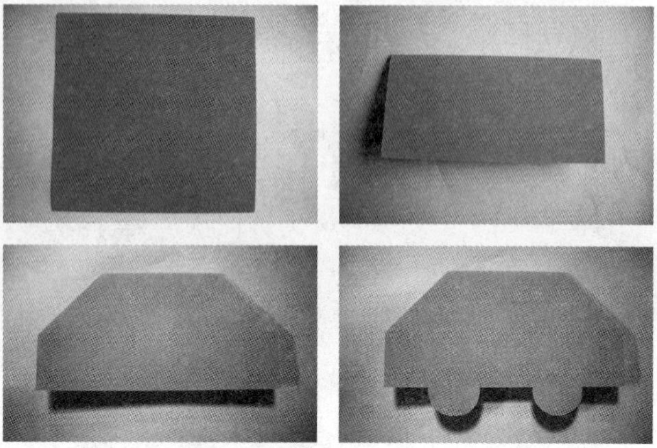

指导建议

❶ 引导幼儿看懂步骤图的每一步变化。

❷ 设计一个背景，展示孩子的作品。

大货车

材料投放

大货车的轮廓图形、油画棒、记号笔、糨糊、抹布。

玩法：

为空白货车涂色、装饰，并添画大货车中装的货物。

指导建议

❶ 引导幼儿用不同方式（用图案，花纹等）装饰出不同的货车。

❷ 引发幼儿回忆生活经验，添画不同的货物。

马路上的车

材料投放

大张白纸、废旧汽车广告中的汽车图片、蜡笔、固体胶。

玩法：

❶ 用蜡笔在白纸上大胆绘画各种线条（大马路），以及马路上的其他设施（如：斑马线、红绿灯等）。

❷ 将汽车图案粘贴在画好的马路上。

指导建议

❶ 活动前，可以让孩子观察马路情况，观察有些什么设施。

❷ 能力强的幼儿可以让其自行沿着汽车图片的轮廓来剪。

猜猜这是什么车？

材料投放

汽车玩具（录有不同鸣叫声），火灾、伤员、强盗的图片。

玩法：

❶ 听不同汽车的鸣叫声，猜汽车名，引导幼儿模仿。

警车：$\underline{\times\times}$ $\underline{\times\times}$ | 救护车：× × | 消防车：× — | × — |

❷ 开小车。

教师出示不同情节的图片（火灾、伤员、强盗），幼儿模仿不同汽车的鸣叫声，并做开车动作。

指导建议

模仿错的幼儿，汽车靠边停玩一次。

开汽车

材料投放

音乐、汽车方向盘玩具。

玩法：

❶ 汽车开来了。幼儿边听音乐边做开汽车动作。

❷ 汽车上山了。听到上行音阶，幼儿做表示汽车开上山的动作，如：踮起脚尖、方向盘斜上举等。

❸ 汽车下山了。听到下行音阶，幼儿做表示汽车开下山的动作，如：下蹲、方向盘放低等。

❹ 途中听到教师用钢琴给出的节奏，幼儿就要有节奏地模仿开汽车按喇叭。

指导建议

音乐停止，汽车也要停止。音乐开始，汽车也发动。

图形列车

材料投放

小火车底板、图形卡片若干。

玩法：

根据火车车头的形状，找出相对应的图形卡片放在车厢上。

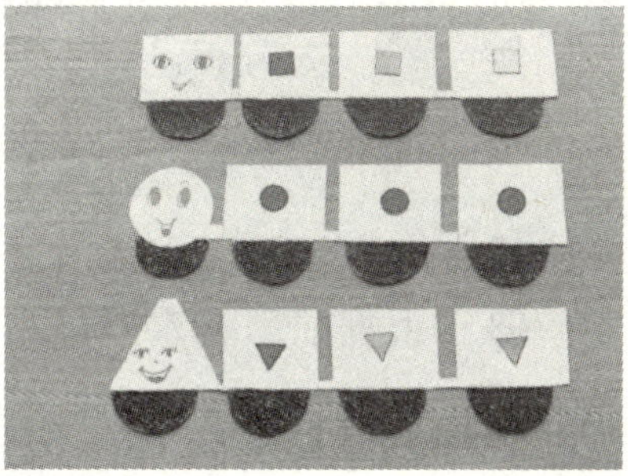

停车场

材料投放

具有不同特征的汽车图片、中间有一条分割线的垫板若干。

玩法：

将汽车图片按特征分为两类，并能说出分类的根据。

指导建议

❶ 在材料的提供上，可以逐渐丰富材料的特征，增加分类的维度，引导幼儿想出多种分类方式（颜色、大小、形状等）。

❷ 可以提供各种材料，增加游戏的趣味性（见右图）。

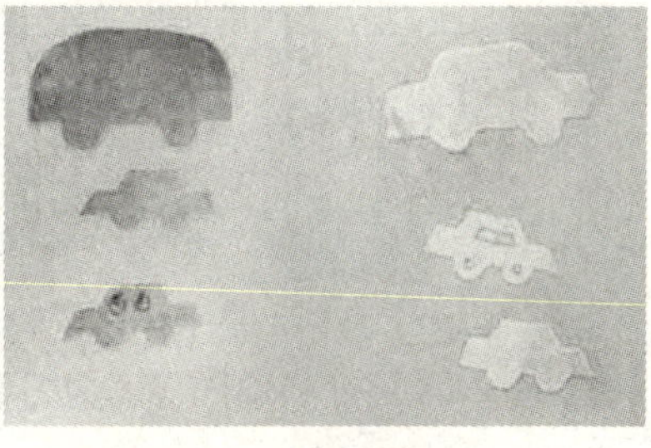

小动物坐火车

材料投放

2～3种小动物纸片、火车形状的底卡若干（提供完整模式）。

玩法：

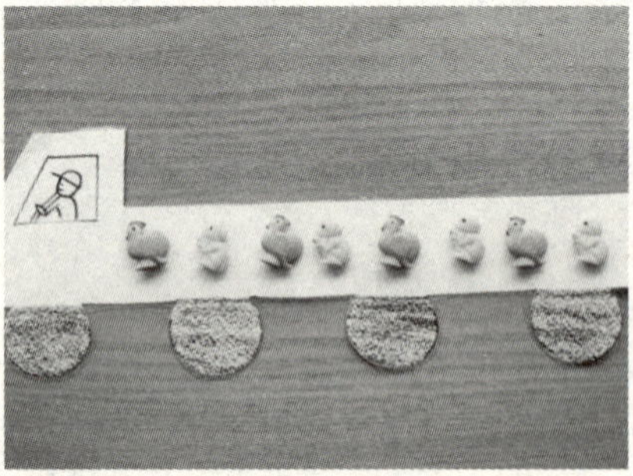

❶ 根据前两节车厢里小动物纸片的排列方式接着往下排。

❷ 幼儿根据自己的意愿将小动物纸片按照一定的规律摆放到车子上。

指导建议

❶ 提供给幼儿的材料从正好逐渐到有多余。

❷ 引导幼儿通过说出材料的名字来自己纠错。

❸ 可以变化游戏的材料，增加游戏的趣味性，在排序中结合对颜色、形状、物体等的认知（见下页前两幅图）。

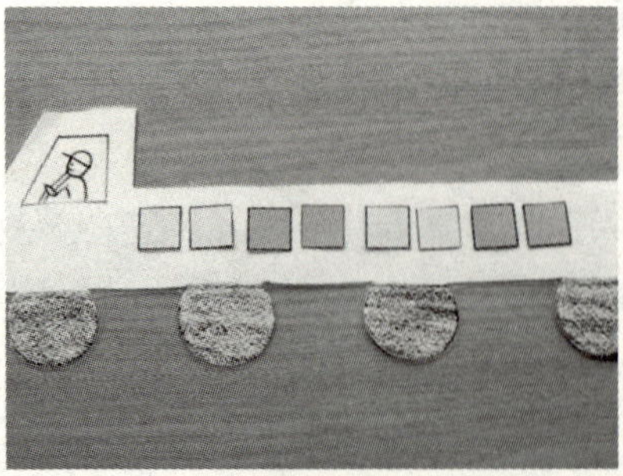

图形宝宝坐车

（可变换不同特征的图形增加难度）

做花边

双层巴士

材料投放

双层巴士模型（车身上做插袋设计）一个、各种小动物的图片若干。

玩法：

幼儿随意插放小动物的图片，说说谁在双层巴士的上层，谁在下层。

主题十
动物狂欢节

集体活动

小鸡叽叽叽

活动目标

学习用椭圆形和线条组合画小鸡。

大胆涂色，愿意为小鸡画上美丽的花园背景。

活动准备

范例一张、记号笔、蜡笔、铅画纸、母鸡图片。

幼儿有画圆形的经验。

活动过程

一、图片导入。

建议指导语：这是谁？（鸡妈妈）鸡妈妈下了个蛋，什么形状的？（教师边说边画蛋）蛋里孵出什么呢？（小鸡）

二、小鸡出来了。

❶ 引导幼儿观察椭圆形和圆形的不同。

❷ 教师示范画小鸡的方法。

建议指导语：线条拉拉长，兜一圈，比圆形长一点的椭圆形就画好了。看，小鸡身体扁扁圆圆的。然后点上眼睛，画上小嘴和脚，小鸡出来啦！

❸ 幼儿创作，教师指导。

可添画花园背景，并涂上颜色，让小鸡快乐地在花园里玩。

小鱼游

活动目标

能用简单的图形和线条组合表现小鱼。

喜欢在“小鱼”身上添加各种不同的花纹。

活动准备

幼儿有画圆形、方形、三角形的学习经验。

记号笔、蜡笔、纸；范例一幅。

活动过程

一、出示范例。

建议指导语：这是什么？看看这些小鱼是什么图形组成的？

二、美丽的鱼儿。

❶ 幼儿创作，鼓励幼儿用不同的图形表现“小鱼”。

❷ 发挥想象，画出花纹图案，给“鱼儿”穿上美丽的衣服。

❸ 在“小鱼”周围，画出喜欢形状的鱼缸（如圆形鱼缸等），让“小鱼”住进鱼缸里。

蝴蝶飞

活动目标

学习用手指印画的方法装饰蝴蝶。

活动准备

收集有关蝴蝶的书籍。

画有蝴蝶轮廓的纸、各色颜料、调色盘、湿抹布。

幼儿有手指点画的经验。

活动过程

一、谈话。

建议指导语：我们带来了一些关于蝴蝶的书，你们喜欢蝴蝶吗？蝴蝶漂亮吗？哪里最漂亮？

二、蝴蝶飞。

❶ 教师示范手指印画。

建议指导语：小手轻轻点，是个小点点。小手重重按下去，变成一个小圆圈。

❷ 幼儿操作，教师指导。

活动延伸

将幼儿完成的作品布置在版面上，形成一幅“蝴蝶园”。

小鸡出壳

活动目标

知道小鸡出壳的顺序，尝试用肢体动作创造性地表现小鸡出壳的过程。

活动准备

故事《小鸡出壳》图片。

卡纸做成的大鸡蛋，小鸡、母鸡头饰各一个。

已学会歌曲《小小蛋儿把门开》。

活动过程

一、复习歌曲：《小小蛋儿把门开》。

二、熟悉并理解小鸡出壳的顺序。

❶ 教师表演：《小鸡出壳》。

建议动作：教师戴上小鸡头饰蹲在鸡蛋的后面表演。

❷ 根据表演内容，为《小鸡出壳》的图片排序。

三、师幼共同表演《小鸡出壳》。

❶ 幼儿模仿教师的动作。

❷ 引导幼儿学习小鸡出壳时有力气的动作。

建议指导语：因为它在蛋壳里呆了好长时间，迫不及待地想看看蛋壳外面的世界，所以它的每一个动作都是很有力气的，想一下子就把蛋壳顶碎。

❸ 幼儿听音乐创编不同小鸡出壳的动作。

建议指导语：如果你是一只小鸡，你会怎样从蛋壳里钻出来呢？

四、游戏：小鸡出壳。

- 幼儿表演“小鸡出壳”。
- 教师扮演鸡妈妈做律动：小鸡捉虫。

两条虫 × × | 三条虫 ×× × | 四条虫 ×× ×× | 五条虫 ×××× ×|

一名幼儿扮演母鸡，游戏再次进行。

附乐曲：

曲一：

小 鸡 出 壳

1=C 2/4

1 2 | 3 4 | 5 6 7 i | 6 7 i 6 7 i | 1 — ||

曲二：

小 鸡 捉 虫

1=C 2/4

5 5 3 4 | 5 5 3 4 | 5 3 | 1 — |

4 4 2 3 | 4 4 2 3 | 4 6 | 5 — |

5 5 3 4 | 5 5 3 4 | 5 1 | 3 — |

2 5 | 6 7 | i 5 | i 0 ||

附故事：

小鸡出壳

鸡妈妈生了许多鸡蛋，她天天在窝里孵小鸡。终于有一天，她发现鸡蛋里有动静了，“啪”的一声，从蛋壳里钻出一个小脑袋，接着伸出了一只小翅膀，又伸出一只翅膀，哇，一只小脚从蛋壳里跨了出来，另一只小脚也从蛋壳里跨了出来，一只毛茸茸、胖乎乎的小鸡出壳了。它一边叽叽叽地叫着，一边快乐地跟着鸡妈妈到草地上去捉虫了。

走 路

活动目标

乐意随着音乐模仿各种动物走路的动作。

喜欢参加集体活动，体验集体活动的乐趣。

活动准备

乐曲《走路》。

小动物（兔子、鸭子、乌龟、花猫）头饰。

活动过程

一、情景引入。

建议指导语：森林里的动物多又多，它们都在学走路。

二、欣赏歌曲《走路》。

请幼儿说说四种动物它们是怎样走路的？

三、唱歌曲《走路》。

- 教师示范唱歌曲。
- 幼儿和教师一起唱歌曲。

指导要点：四句唱出不同的感觉，第一句跳跳的，第二第三句拖拖的，第四句轻轻的。

建议指导语：用声音来唱出小动物走路是不同的样子。

四、歌表演。

根据歌曲的歌词做小动物走路的动作，如：小兔走路做兔子跳。依此类推。

五、游戏：小动物回家。

用椅子搭建小动物的家，第一遍音乐分散跑。第二遍音乐模仿动物走到自己的家。

附歌曲：

走　路

1=♭E　2/4

1 3 3 | 1 3 | 5 5 5 5 | 5 — |
小兔子　走路　跳跳跳跳　跳，
1 2 2 | 1 3 | 5̣ 6̣ 5̣ 6̣ | 5̣ — |
小鸭子　走路　摇摇摇摇　摇，
1 3 3 | 1 3 | 5 6 5 6 | 5 — |
小乌龟　走路　爬　爬　爬，
2 4 4 | 1 3 | 7̣ 2 | 1 — ‖
小花猫　走路　静　悄　悄。

谁饿了

活动目标

初步感受歌曲，愿意尝试根据歌曲表现猫抓老鼠的情景。

体验与同伴一起参与游戏的快乐。

活动准备

猫头饰一个，自制小老鼠图卡若干。

已学会歌曲《走路》。

活动过程

一、律动：小动物走路。

❶ 演唱歌曲：《走路》。

建议指导语：今天天气真好，小动物们都出来玩啦，它们是怎么走的呢？我们用歌声来告诉大家好吗？

❷ 边唱边表演歌曲。

二、新授歌曲《一只大猫》。

❶ 教师表演歌曲内容，幼儿看后说说看到了什么内容，理解歌曲内容。

❷ 再次欣赏表演。

指导要点：节奏指导：啊呜——啊呜——

建议指导语：大猫吃老鼠时，嘴巴张得好大好大，啊呜——

❸ 师幼一起表演歌曲（教师唱歌词）。

建议指导语：小猫们，你们肚子饿不饿？我们一起去抓老鼠吧！

❹ 再次表演，幼儿一起唱。

建议指导语：这次，小猫们要一边唱歌，一边抓老鼠，特别注意抓到老鼠后，啊呜啊呜吃得香一点。

❺ 个别幼儿表演。

三、游戏：猫抓老鼠。

建议玩法：唱到“看见了小老鼠”时，教师扔出自制老鼠，幼儿每人抓一只老鼠。继续唱：“啊呜——啊呜——吃掉它。”

附歌曲：

一只大猫

1=E 2/4

3 3 1 3 | 5 5 5 | 3 3 3 3 1 3 | 2 — |
一 只 大 猫 出 来 啦，肚子饿得 咕 咕 叫。

6 4 2 | 5 5 3 | 2 4· 7 2· | 1 1 1 ‖
看 见了 小 老 鼠，啊 呜 啊 呜 吃 掉 它。

区域活动

捏小猪

材料投放

橡皮泥、垫板、纸盘、各色绉纸、猪鼻子。

玩法：

❶ 用橡皮泥制作出小猪身体的不同部位，并将立体的小猪固定在“猪圈”（一次性盘子）里。

❷ 用彩色绉纸装饰小猪（打扮五官、添上衣服等）。

指导建议

❶ 幼儿能注意衣服和桌子、地面的干净。

❷ 鼓励幼儿给小猪进行不同的装扮。

可爱的小动物

材料投放

各种画有动物的头饰底板、宽纸条、蜡笔、水彩笔、订书机、回形针。

玩法：

❶ 选择喜欢的小动物进行涂色。

❷ 用订书机把宽纸条固定在头饰底板的两端，根据自己的头围大小，制作成头饰。

指导建议

❶ 涂色时，引导幼儿注意颜色搭配，提醒幼儿颜色涂得均匀。

❷ 制作头饰时，鼓励幼儿自己想办法，请同伴帮助，互相合作。

小动物走路

材料投放

鸟飞、兔跳、大象走路的音乐。

玩法：

❶ 欣赏音乐。

❷ 请一名幼儿出来站在圈外，由他自己选择将要扮什么动物。其余幼儿手拉手围成圆圈，边唱歌边按逆时针方向走动，唱完最后一句，被请出的幼儿就发出该动物的叫声。

❸ 全体幼儿猜猜是什么动物，然后，教师带大家模仿这一动物走路。

指导建议

唱完最后一句，被请幼儿才能发出叫声。

小兔和大熊

材料投放

轻快和沉重的音乐。

玩法：

❶ 幼儿分成两组，一组幼儿扮演小兔，一组幼儿扮演大熊。

❷ 听到轻快的音乐，扮演小兔的幼儿学做小兔跳（鼓励幼儿用不同的方法），扮演大熊的幼儿蹲下做睡觉状。

❸ 听到沉重的音乐，扮演大熊的幼儿学做大熊走路的样子（引导幼儿夸张地做出笨重的样子），扮演小兔的幼儿蹲下做睡觉状。

❹ 教师弹奏下行琶音，表示下雨了，小动物们都各自走（跳）回家。

指导建议

在学小兔跳或大熊走路时，要和音乐节奏合拍。

动物大变身

材料投放

歌曲音乐。

玩法：

❶ 集体听音乐边唱歌、边拍手、边走路。

❷ 唱到歌曲的最后一小节，幼儿用动作表示自己要变的动物样子，如：小兔

可以做成长耳朵的样子。

❸ 教师来猜，幼儿变的是什么动物。

❹ 也可以由部分幼儿变，部分幼儿来猜。再进行交换。

指导建议

幼儿不能用语言说出自己要变的动物名称，只能用动作表示。被猜中的幼儿获胜。

附歌曲：

我 会 变

1=C 2/4

5 5 3 3 | 5 5 3 | 5 5 6 6 | 5 5 3 |

我 们 都 来 变 动 物， 我 们 都 来 变 动 物，

2 3 4 | 3 4 5 | × × × | × × × |

我 会 变， 我 会 变， 变 变 变， 变 变 变，

3 3 5 4 | 3 2 1 ‖

我 会 变 成 × × ×。

三只熊

材料投放

操作底卡一张、图片若干组（每组分别包括画有大、中、小三件物品的图片）。

玩法：

按照大小不同将物品与熊进行匹配，将适合物品的卡片放在相应的熊宝宝的操作底卡上。

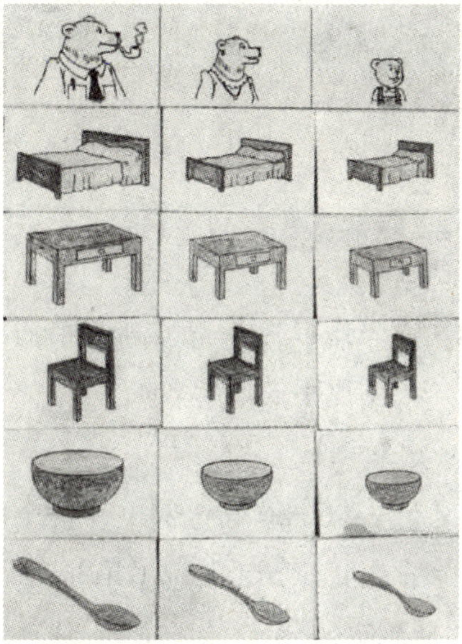

给小动物喂食物

材料投放

做成各种卡通形象的餐巾纸盒（分别开长方形、正方形和三角形的口）、图形卡片若干。

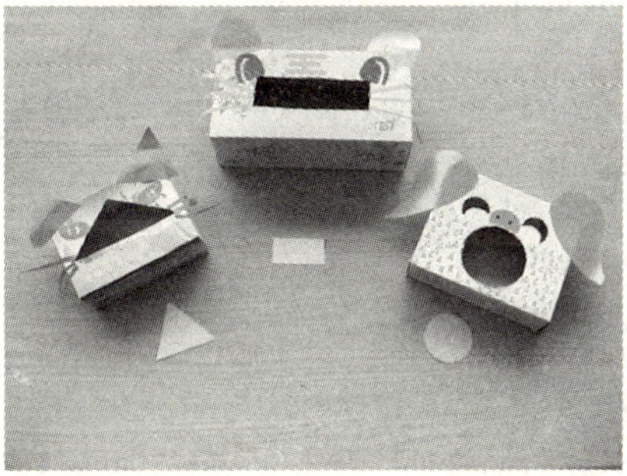

玩法：

将图形卡片放进有相应形状嘴巴的小动物嘴里。

小兔集合

材料投放

操作底板一块、白板笔一支。

玩法：

将不属于小兔集合的图片圈出来。

小猫吃鱼

材料投放

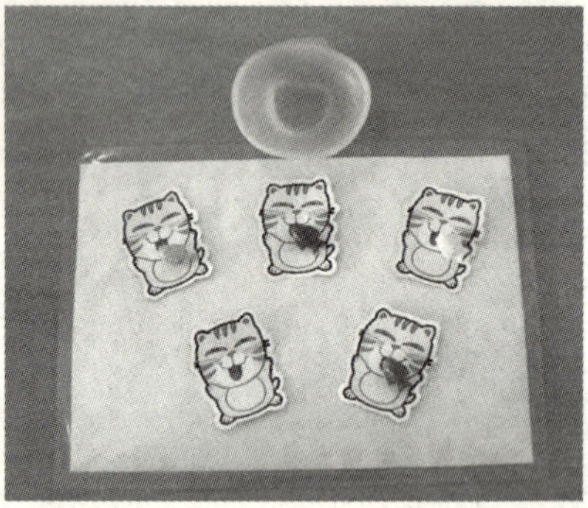

操作卡片一张（画有小猫图案）、小鱼图片若干（比小猫数量多或少）。

玩法：

一只小猫喂一条鱼（将小鱼图片放在小猫图案上），比较，并说出鱼和猫谁多谁少。

小动物过河

材料投放

各种颜色、形状的木头积木若干，用即时贴布置的有黏性的背景墙底板一块。

玩法：

❶ 教师创设桥梁的前半段结构，幼儿观察其中的规律，并按此规律排列下去，完成小桥的搭建。

❷ 幼儿自己搭建不同规律的小桥。

区分上下

材料投放

操作底板一块、白板笔一支。

玩法：

观察操作底板，把树上面或下面的动物圈出来。

主题十一
夏 天

集体活动

纸 扇

活动目标

学习用反复折叠的方法制作纸扇。

知道扇子可以使自己凉快些，感受各种纸扇的美。

活动准备

幼儿收集的扇子若干，纸扇范例，正方形手工纸、蜡笔。

幼儿欣赏、观察自己收集来的扇子。

活动过程

一、讨论：天热怎么办？

建议指导语：**夏天真热啊？有什么方法让自己凉快些呢？如果没有空调、电扇这些电器设备，我们可以用什么方法让自己凉快呢？（扇子）**

二、出示纸扇：这是什么？（纸扇）

❶ 教师出示纸扇，引起幼儿的兴趣。

❷ 教师示范纸扇的折法，幼儿观察。

☆ 在正方形纸上画上图案。

建议指导语：**我们带来的扇子都有美丽的图案，那么我们也来给纸扇穿件漂亮的衣服吧。**

☆ 反复折叠，折成纸扇。

建议指导语：一前一后来回折，整整齐齐一样宽。

三、我们的纸扇。

幼儿画纸扇和折叠纸扇，教师指导。

指导要点：注意每条对折边的宽度要一致。

四、猜猜、看看。

完成后，幼儿相互猜测对方纸扇上画的图案，并相互欣赏纸扇。

活动延伸

在区角中，投放更多的手工纸，供孩子练习。

将纸扇固定在板面上，布置成“纸扇商店”。

西瓜

活动目标

尝试用圆形表现整个西瓜，用半圆、扇形表现切开的西瓜。

简单了解西瓜的内外部特征，知道西瓜是能防暑降温的水果。

活动准备

幼儿有吃西瓜的生活经验。

西瓜一个、刀一把、铅画纸、蜡笔、记号笔。

活动过程

一、我吃过西瓜。

建议指导语：炎热的夏天，你最爱吃什么水果？西瓜长什么样？它有什么作用？

二、切西瓜。

❶ 出示整个西瓜，观察西瓜的形状，请个别幼儿上前画圆形。

❷ 第一次切西瓜，分成两半，观察西瓜内部瓜瓤的颜色、瓜皮的颜色、瓜子的形状和颜色。

❸ 第二次切西瓜，观察瓜面的形状（半圆形），教师示范并请个别幼儿上前画半圆。

建议指导语：平平一条线，左边下山了，慢慢慢慢走下山，慢慢慢慢走上山。

❹ 第三次切西瓜，观察瓜面形状（扇形），教师示范并请个别幼儿上前画扇形。

建议指导语：中间有个点，斜斜地往左边，斜斜地往右边，弯弯地连起来。

三、画西瓜。

❶ 幼儿随意在纸上画出自己想画的西瓜，并涂上颜色。

❷ 教师指导，引导幼儿说说自己画的西瓜是切好的西瓜，还是没切的完整的西瓜；是半圆形的西瓜还是扇形的西瓜。

四、吃西瓜。

幼儿和教师一起分享吃西瓜。

去游泳喽！

活动目标

尝试用两种图形和线条组合表现人物游泳时的姿态。

愿意用绘画的形式表现自己游泳时的动作和感受。

活动准备

幼儿游泳时的照片若干，纸、蜡笔、记号笔、范例画一张。

幼儿有学游泳的经验。

活动过程

一、看照片。

建议指导语：他们在干什么？你们会游泳吗？喜欢游泳吗？谁能做几个游泳的动作？

二、出示范例。

❶ 引导幼儿观察小朋友游泳时头、手、身体、脚的位置和动作。

建议指导语：头什么形状？身体什么形状？手和脚是怎样的？

❷ 教师示范画两个不同姿势的游泳中的小朋友，用以启发幼儿：手和脚画的位置不同，表现的游泳姿势不同。

建议指导语：头在前，身体连在头后面。小手肩膀长出来，小脚就在身体后。

三、一起去游泳。

幼儿创作，教师指导，鼓励幼儿创造想象，画出游泳时的不同姿态。

四、看看学学。

欣赏同伴的画，做做画里人物游泳的动作。

葡萄

活动目标

学习粘贴“葡萄”的方法，并给“葡萄”涂上颜色。

活动准备

葡萄一串，每人一张画有葡萄叶子的浅色手工纸、白色小圆片若干，蜡笔、固体胶、湿抹布。

和幼儿一起交流夏天的水果。

活动过程

一、出示葡萄，观察葡萄。

建议指导语：看老师带来了什么？葡萄是什么形状的？什么颜色的？（紫的、绿的、红的）

二、好吃的葡萄。

❶ 教师示范粘贴方法：

用固体胶从叶子下面开始大面积涂抹—从上往下粘贴小圆片—圆片之间要紧靠—固体胶干了后，给圆片涂上颜色。

建议指导语：葡萄圆圆小小的，一串一串藏叶下，上面多下面少，一个一个连起来，颜色有紫也有绿，葡萄好吃又好看。

❷ 幼儿操作，教师指导。

指导要点：注意固体胶涂抹均匀；紧靠叶子开始粘贴小圆片。

三、交流分享。

❶ 将幼儿的作品布置成一幅“葡萄园”。

❷ 幼儿和教师一起分享吃葡萄。

夏天到了

活动目标

欣赏旋律，理解歌词，交流夏天中发生的有趣的事情。

能充分表现歌曲中所描述的夏天欢快的心情。

活动准备

与歌词相关的图片。

对夏天的季节特征有初步的体验。

活动过程

一、幼儿回忆已有对夏天的经验，互相交流。

二、出示图片理解歌词。

根据图片依次按照节奏念出歌词。

建议指导语：夏天到了，有哪些有趣的事情呢？我们把我们看到的轻轻地告诉大家。

三、听唱歌曲。

❶ 完整听赏歌曲。

❷ 幼儿轻声跟唱 。

❸ 尝试用动作表现歌词。

指导要点：动作与歌词相匹配，有节奏感。

建议动作：第一、第二小节，双手在脸旁做扇风动作八下；第三、第四小节，双手轮流擦额头的汗各一次；第五至第八小节，两手手心相对放在嘴边做唱歌状四次；第九、第十小节，双手前伸，胸前抱圆，左右摇晃两次；第十一、第十二小节，双手由胸前上举向下划圈；第十三至第十六小节，踮脚自转一圈。

四、体验夏天的特征带来的快乐。

引导幼儿在歌曲最后用一个动作告诉大家喜欢夏天的什么。

附歌曲：

夏天到了

1=E 2/4

| 1 1 6̣ 5̣ | 1 2 3 6 | 5 — | 5 0 |
夏 天 到 了 天 气 热 哟，

| 3 6 6 5 | 3 2 1 | 2 — | 2 0 |
小 知 了 唱 起 歌 哟，

| 2 3 5 | 3 0 | 2 3 2 1 | 6̣ — |
西 瓜 大 大 装 满 车 喽，

| 6̣ 1̣ 5̣ 6̣ | 5 3 3 2 | 1 — | 1 0 ‖
小 朋 友 光 着 小 脚 玩 喽。

鞋子对对碰

活动目标

认识各种各样的鞋子。

能按鞋子的外形、颜色、大小等特点进行配对。

活动准备

与幼儿共同收集各种不同的成双的鞋子（拖鞋、高跟鞋、皮鞋、凉鞋、溜冰鞋等），将它们散放在教室的中间。

鞋架两个。

活动过程

一、谜语导入。

稀奇古怪两只船，没有桨来没有帆。

白天载人四处走，晚上横卧在床前。（鞋子）

二、鞋子配对。

请幼儿初步按物体的外形、颜色、大小等特点进行配对。

❶ 个别幼儿操作。

☆ 教师出示一只鞋子，请幼儿观察鞋子的颜色、外形、大小等特征。

☆ 请幼儿根据观察到的特征为鞋子找到另外一半，进行配对。

建议指导语：对对碰，对对碰，一双鞋子对对碰。

❷ 幼儿集体操作，幼儿在散放的一堆鞋子中，每个人找出一双鞋子，把这一双鞋子放在长线上，给鞋子排排队。

❸ 经验介绍：你是怎么收拾的？这两只鞋子为什么要放在一起？

❹ 小结：外形一样、颜色一样、大小一样的鞋子叫一双，是好朋友，所以要放在一起。

三、游戏：对对乐。

❶ 交待游戏规则。

每人手中拿一只鞋，听音乐自由走动，寻找与自己鞋子一样的另一只，配对后，两人将鞋底相互有节奏地碰击，并念儿歌：“对对碰，对对碰，一双鞋子对对碰。”

❷ 进行游戏。

一轮结束后，与其他小朋友交换鞋子，再次游戏。

四、游戏：找鞋比赛。

❶ 交待游戏规则。

把自己的鞋子都脱下，随意摆放，听音乐跟随老师走动，音乐一停，赶快去寻找自己的鞋子穿上，跑到老师面前站好，依次往后排，看谁穿得又对又快。

❷ 进行游戏。

❸ 经验分享：你是怎样一眼就看出自己的鞋子的？（根据颜色、大小与别人的不一样）

五、整理鞋子，活动结束。

让幼儿根据大小收拾鞋子，并整齐地放回标有爸爸、妈妈、宝宝标记的鞋架上。

活动延伸

在区域活动中，提供各种不同形状、颜色的鞋子图片，引导幼儿继续学习配对，巩固按外形、颜色、大小等特点进行配对。

海底总动员

活动目标

能不受大小、形状、排列的干扰，学习目测5以内的数群。

能用语言清楚地说出海洋动物的名称和明显的特征。

活动准备

海洋生物的多媒体课件。

幼儿人手一份卡片（小丑鱼、大鲨鱼、海龟、海星、水母各一张，数量1～5，每位幼儿都不相同）；地上有五个圈，每个圈内都有一个数字。

丰富幼儿对海洋动物的认识。

活动过程

一、谈话导入。

生活在海洋里的动物有哪些？你喜欢什么海洋动物？

幼儿回答：小丑鱼、鲨鱼、海豚、章鱼、鲸、水母、海马、海龟、海星……

二、播放海洋生物的多媒体课件。

❶ 两条小丑鱼慢慢地游出来。

建议指导语：谁来了？

☆ 引导幼儿回答“尼莫”。

建议指导语：尼莫和它的爸爸是什么鱼？

☆ 引导幼儿说出“小丑鱼”。

建议指导语：小丑鱼是什么颜色的？

☆ 引导幼儿说出小丑鱼是橘黄色的，上面有白色的花纹。

建议指导语：两条小丑鱼一样大吗？

☆ 引导幼儿说出不一样，一条大，一条小；大的是爸爸，小的是儿子。

建议指导语：小丑鱼住在哪里？

☆ 引导幼儿说出小丑鱼住在海葵里。

☆ 教师小结：小丑鱼，小丑鱼，橘黄的身体，白色的花纹，游来游去真快活。

❷ 出现鲨鱼的声音，把小丑鱼吓得逃走了。

建议指导语：猜猜看谁来了？

☆ 一条大鲨鱼游了出来。

建议指导语：你怎么知道是大鲨鱼？

☆ 引导幼儿说出因为大鲨鱼的嘴巴是尖尖的……

建议指导语：你在哪里见过大鲨鱼？

☆ 引导幼儿说出在长风公园、在海洋世界、在《海底总动员》里……

建议指导语：为什么鱼儿都怕大鲨鱼？

☆ 引导幼儿说出因为大鲨鱼会吃它们。

☆ 教师小结：大鲨鱼，大鲨鱼，长长的身体，尖尖的牙齿，鱼儿见了都害怕。

❸ 3只水母同时缓缓上升。

建议指导语：大鲨鱼走了，水面平静了，你们看谁来了？

☆ 引导幼儿说出“水母”。

建议指导语：来了几只水母？我们用动作来欢迎。

☆ 引导幼儿做“3”的动作。

建议指导语：哪只水母最大？哪只水母最小？水母像什么？

☆ 引导幼儿回答：像伞、蘑菇……幼儿模仿水母的动作。

建议指导语：你喜欢水母吗？为什么？

☆ 引导幼儿回答：喜欢，因为水母漂亮。或不喜欢，因为水母会蜇人。

☆ 教师小结：水母，水母，软软的身体像把伞，一扭一扭向上游。

❹ 猜谜：四条腿，像船桨，背着壳，海里游。

建议指导语：谁来了？

☆ 4只海龟同时爬了出来。（幼儿用动作来欢迎）

建议指导语：来了几只海龟？（4只）海龟是怎样的？

☆ 引导幼儿回答：背着硬硬的壳。

☆ 教师小结：海龟，海龟，四条腿，像船桨，背着壳，海里游。

建议指导语：海龟多还是海星多？

☆ 同时出现两张图片进行比多少。

❺ 猜谜：有颗小星星，会动也会爬，不在天上挂，生活在海里。

建议指导语：谁来了？

☆ 五只海星同时出现。幼儿用动作拍五下腿来欢迎。

建议指导语：来了几只海星？（5只）几只大？几只小？（1只大、4只小）5只海星可以用数字几来表示？

☆ 引导幼儿说出五只海星可以用数字5来表示。

建议指导语：海星有几只角？

☆ 五只角可以用数字5表示。

☆ 教师小结：海星，海星，像颗小星星，不挂在天上，生活在海里。

三、游戏：找家。

❶ 幼儿人手一份卡片（小丑鱼、大鲨鱼、海龟、海星、水母各一张，数量为1～5，每位幼儿的都不相同）。地上有五个圈，每个圈内都有一个数字。

❷ 教师说海洋动物的特点或名称，幼儿找海洋动物的卡片。找到卡片以后，按海洋动物的数量，放入相应的圈中。

区域活动

漂亮的纸扇

材料投放

手工纸、亮片、蜡笔、水彩笔、棉签、颜料、废旧广告纸、胶水、双面胶、短棒、吸管、剪刀。

玩法：

❶ 将两张正方形废旧广告纸分别折成两把小扇子，将两把小扇子的一边拼贴起来，另一边分别粘上两根短棒，做成一把可收叠的圆形折扇。

❷ 用多种方法，在正方形的手工纸上绘制图画，再折叠成纸扇。

指导建议

将幼儿制作的纸扇作为教室的悬挂装饰。

我喜欢的小凉鞋

材料投放

彩色硬纸板剪成的鞋底板、胶水、条状废旧广告纸、双面胶、绉纸、彩色笔。

玩法：

❶ 将三根条状废旧广告纸或者绉纸进行编织，将编织好的长条粘在鞋子底

板上。

❷ 鞋子上可以画一些花纹装饰，注意两只鞋子花纹要对称。

指导建议

❶ 可以向幼儿提供编织的步骤图，让孩子自己学习编织。

❷ 启发幼儿用不同方法装饰拖鞋的面，制作出不同款式的拖鞋。

☆ 用绉纸分成三股编织在一起（幼儿可以将其搓捏在一起）。

☆ 将编织好的绉纸条沿着“凉鞋”边开始粘贴。

☆ 一圈一圈挨紧粘贴，完成后为“凉鞋”装上搭扣。

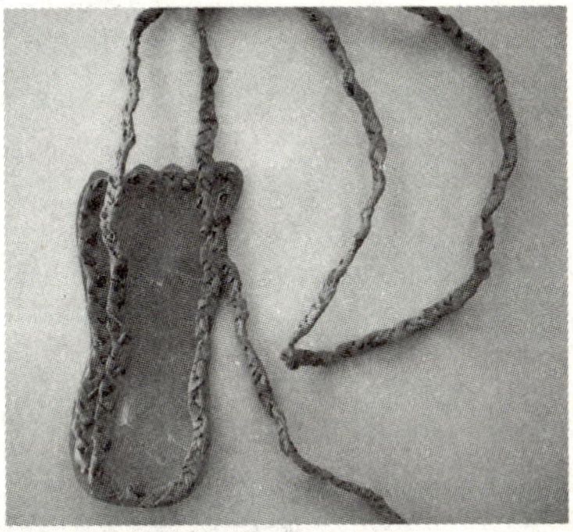

夏日商店

材料投放

彩色纸、轧图机、蜡笔、水笔、剪刀、透明胶、固体胶、短棍、吸管、废旧广告纸、夏装的轮廓底板、游泳圈的轮廓底板、小凉帽的制作步骤图片。

玩法：

❶ 选用多种材料装饰空白的夏装或者游泳圈。

❷ 根据步骤图片制作小凉帽并进行装饰。

指导建议

❶ 鼓励幼儿选用不同的材料装饰。

❷ 引导幼儿看懂步骤图，认识简单图示记号。

❸ 开一家“夏日商店”，进行角色游戏。

☆ 将正方形手工纸对折成三角形。

☆ 将两边的角沿着对面角折叠。

☆ 将折叠好的两个角再各自往上对折。

☆ 再将对折好的两个角翻折至三分之一处。

☆ 将开口处的一个三角往上折叠至中线的四分之一。

☆ 再翻折至对折线。

☆ 翻过来，步骤同上两步。

☆ 再翻正打开，帽子做好了。

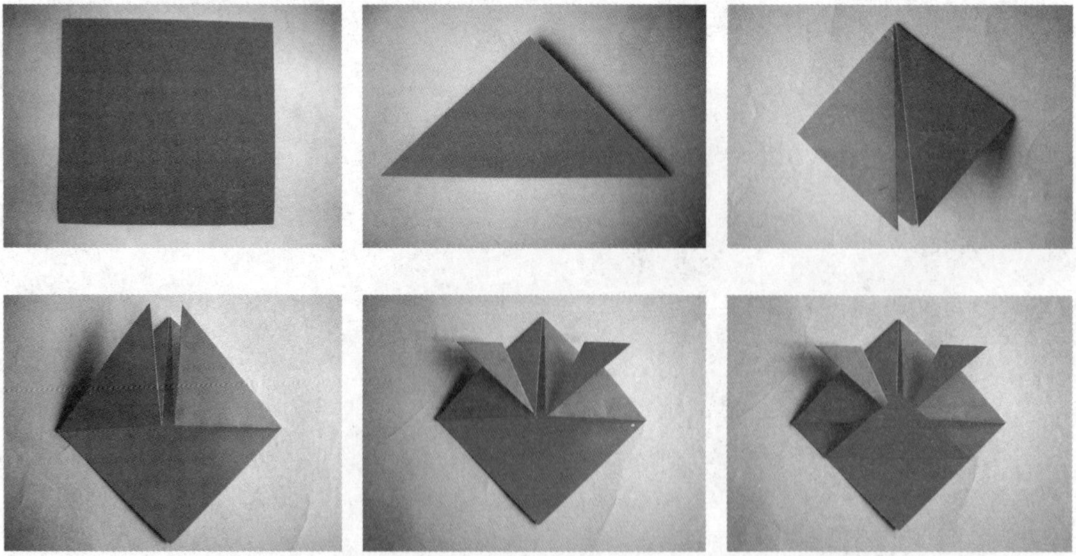

海底世界

材料投放

小鱼硬纸板轮廓、废旧报纸或广告纸、手工纸、订书机、小纸盒（去掉底面，两边各戳好四个小洞、上面戳好两个小洞）、一次性小碗和盘子、热带鱼制作步骤图片、蜡笔、水笔、毛根、剪刀、双面胶、透明胶。

玩法：

❶ 根据步骤图，用手工纸折热带鱼，并用添画的方式装饰热带鱼。

❷ 将条状纸剪成适当的长度，用双面胶固定在一次性小碗的四周，制作水母。

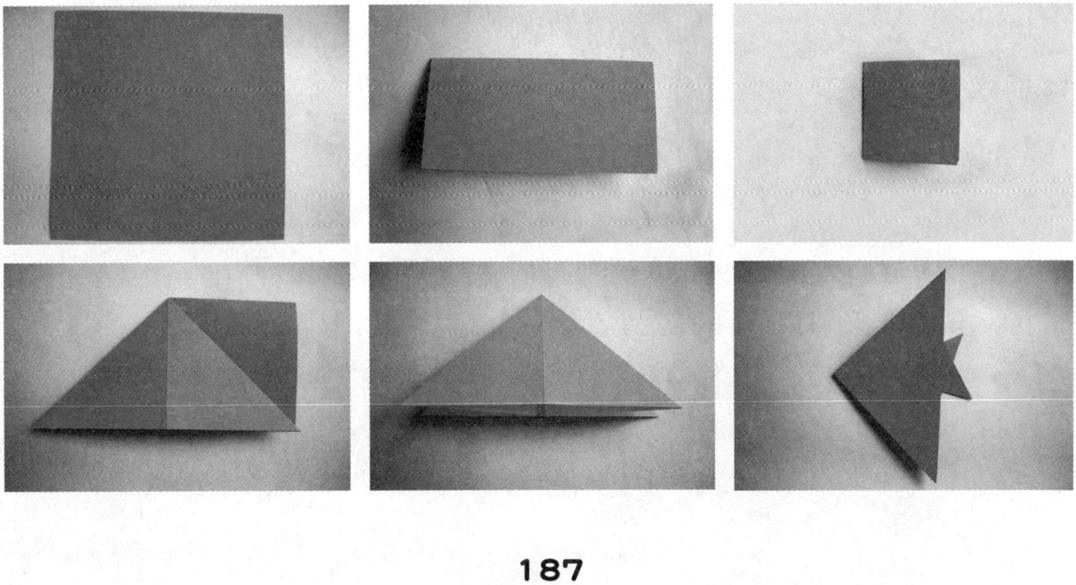

❸ 将四根毛根分别对穿纸盒两边的小洞，并将露出盒外的部分折出弯曲状，做螃蟹的四条腿；再在上面的两个小洞中分别穿两根毛根，弯曲成“钳子”状。

❹ 描画一下小鱼轮廓并进行剪贴添画。

☆ 将正方形手工纸对折成长方形，再对折成正方形。

☆ 拉开两个正方形成双三角形，并压平。

☆ 将一个三角形的两个角交叉折叠，形成“鱼的尾巴”。

☆ 在“热带鱼”身上添加好看的花纹和眼睛。

指导建议

❶ 设计一个“海底世界”的背景，将幼儿制作的作品展现成一幅主题画，还可以让幼儿根据材料制作水草、珊瑚等。

❷ 启发幼儿尝试不同方法制作鱼类。

捉迷藏

材料投放

游戏音乐。

玩法：

❶ 教师在中音区弹奏一段欢快的乐曲，幼儿模仿各种小动物走路。

❷ 教师在低音区弹奏和弦，小动物们马上都藏起来。

❸ 由一名幼儿扮演大灰狼，随和弦节奏出来找小动物。和弦由响到轻，大灰狼灰溜溜地回家了。

❹ 教师在高音区弹奏和弦，小动物们又出来了，并欢呼：“大灰狼走了！”

指导建议

听到低音区和弦响起，幼儿马上躲起来，动作慢的就会被大灰狼捉去。

什么乐器在唱歌

材料投放

小乐器若干。

玩法：

❶ 幼儿边唱边表演歌曲的前半部分。

最后一句，当教师问“什么乐器在唱歌”时，幼儿闭上眼睛，听教师敲击一种乐器的声音，然后睁开眼睛说：“××××在唱歌。”

❷ 教师也可增加难度，同时敲击两种或以上的乐器请幼儿听辨。

指导建议

幼儿只能用耳朵听，不能用眼睛看。

附歌曲：

什么乐器在唱歌

1=C 2/4

3 3 1 | 5 5 5 | 1 3 1 3 | 2 2 2 |
叮 叮 当 哐 哐 哐， 嘀 嘀 嗒 嘀 咚 咚 锵，

1 1 1 3 | 5 6 5 3 | 2 2 2 5 | 3 2 | 1 – ‖
小 朋 友 仔 细 听， 什 么 乐 器 在 唱 歌？

找朋友

材料投放

男女娃娃底板两块、各种不同季节的服饰（如裤子、裙子、外套等）若干。

玩法：

❶ 幼儿将所有的服饰按季节进行分类，知道什么季节有哪些服饰。

❷ 幼儿根据某一季节为男女娃娃搭配服饰，知道哪些是男孩穿的，哪些是女孩穿的。

指导建议

幼儿可两两比赛，根据同一季节，为男女娃娃配上服饰，比比谁配得又快又合适。

连一连，比一比

材料投放

操作底板一块、白板笔一支。

玩法：

数数小朋友和西瓜的数量，用线连一连，比一比小朋友与西瓜谁多谁少。

指导建议

❶ 教师指导语：小孩多还是西瓜多？把他们一一连线比比看。

❷ 可以同样形式进行其他各种模式的比较（见右图与下图）。

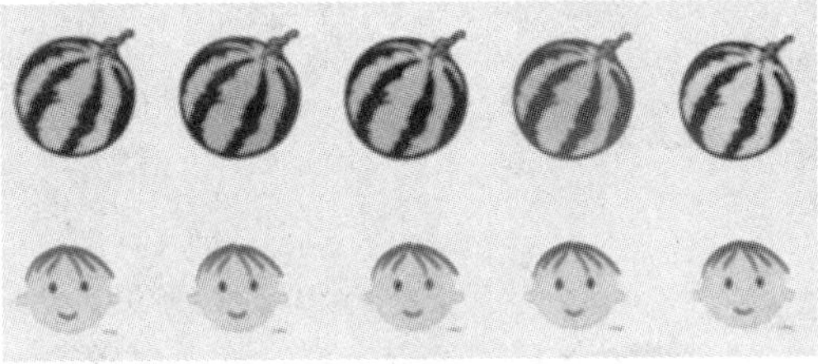

异长同数

异长同数

同长异数

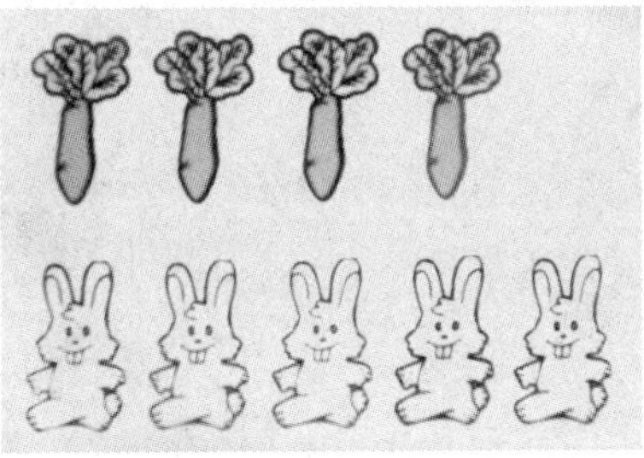

异长异数

太阳和月亮

材料投放

操作底板一块、白板笔一支。

玩法：

观察底板，在白天做的事情的图片旁，圈出太阳公公，在晚上做的事情的图片旁，圈出月亮婆婆。

指导建议

鼓励幼儿讲述自己在白天和晚上做的事。

白天与黑夜

材料投放

画有太阳、月亮的底卡一张，表现各种生活场景的图片若干。

玩法：

将白天和晚上做的事情的卡片分别放在太阳和月亮的底卡上。

高高兴兴上幼儿园

日常活动

好朋友，欢迎你

活动指导

❶ 对幼儿来园时的晨检插袋进行设计，制作成每个幼儿最喜欢的小动物造型，引导幼儿每天来园时主动将晨检牌插入插袋中。

建议指导语：小鸭说："小朋友早，欢迎你来幼儿园，和小鸭打个招呼吧！"

❷ 等幼儿熟知规则后，教师可将幼儿的动物朋友的顺序打乱，让幼儿每天来园可以选择新的动物朋友，增加趣味性。

幼儿园里真快乐

活动指导

❶ 在日常活动中，组织幼儿说说谈谈幼儿园快乐的事情。

❷ 将幼儿在幼儿园愉快的生活、游戏场景拍摄成照片，根据一日生活的顺序排列，布置在教室四周，让幼儿在看看说说的过程中，了解幼儿园的一日作息。

大家一起真开心

活动指导

❶ 在自由活动中提供一些适合多人游戏的玩具材料，鼓励幼儿参与。

❷ 引导内向幼儿与同伴一起玩。

教师可选择此幼儿比较感兴趣的材料，引发幼儿与同伴一起玩，如果幼儿不愿意，千万不能勉强幼儿，要给幼儿自由的空间。

❸ 引导有意愿但又不知如何与人交往的幼儿学说简单的交往语。

建议指导语：我们一起玩好吗？这个玩具可以给我玩玩吗？我们交换玩吧。

宝宝自己来插卡

活动指导

❶ 幼儿自主地使用游戏卡在早晨的区域活动中进行游戏。需要离开时，插上小锁卡片表示自己还想再玩。

❷ 教师及时观察幼儿使用游戏卡的情况，是否能自主地拿取和归还。

❸ 观察幼儿是否了解小锁的使用方法。

宝宝自己来点名

活动指导

❶ 激励幼儿按时到校，并在记录表上自己做记录（打钩表示准时，打圈表示迟到了）。

❷ 教师要及时了解幼儿每天到校的时间和幼儿记录的情况，了解幼儿迟到的原因并与家长沟通，获得家长的支持。

❸ 每周用五角星鼓励每天都能准时来幼儿园的幼儿。

集体活动

小兔子天天陪着我

活动目标

乐意表达自己在幼儿园内的生活。

感受在幼儿园生活的快乐。

活动准备

小兔子的照片、信件、相框等。

活动指导

❶ 送信。

教师模仿邮递员给幼儿送来一封画有小兔子头像的信。

指导建议：小动物的身份可根据当年入园幼儿的生肖决定，本活动以小兔子为例。

❷ 看信。

☆ 幼儿传阅小兔子照片。

☆ 教师有表情地给幼儿念信。

❸ 回信。

建议指导语：你们愿意告诉小兔子，你们每天在幼儿园干什么吗？

幼儿自由讲述，教师帮助写下或画下幼儿讲述的内容。

❹ 寄信。

教师将信装入信封，下午离园时，教师告诉幼儿现在去寄信了。

附小兔子来信：

亲爱的小朋友们：

你们好！

我回到家后，时时都在想你们，我真想马上飞到你们身边，和你们一起做游戏、一起唱歌、一起跳舞。可是，我有很多事情要做，今天去不了了。你们是不是也很想我？寄去一张照片，让它天天看着你们，陪着你们，和你们在一起。你们可要天天来幼儿园呀，告诉我：谁是高高兴兴地来幼儿园的？谁在幼儿园里吃饭最香？谁学了新本领？谁有礼貌了……过两天我就去看你们。

祝小朋友生活快乐！

你们的好朋友：小兔子

我是 ×××

活动目标

愿意与人交往，主动向别人介绍自己。

学说“我是×××”的句型。

活动准备

大兔子胸饰。

活动过程

❶ 教师扮演大兔子，分别到座位上和小朋友打招呼。

建议指导语：小朋友你好！我是大兔子。

❷ 引导幼儿学说“我是×××，大兔子你好！”

其间可穿插交流一些对话交流，例如：“我最喜欢吃萝卜，你最喜欢吃什么呀？”“我的眼睛红红的，你的眼睛是什么样的呀？”内容以幼儿比较熟悉的生活内容为主。

❸ 游戏：找朋友。

一个幼儿做火车头，找到一个朋友，介绍：“我是×××，你好。”

另一个幼儿回答：“我是×××，你好。”然后，该名幼儿做火车头，继续寻找下一个朋友。

幼儿园也是我的家

活动目标

感受儿歌的韵律及欢快的情绪情感。

产生喜爱上幼儿园的情感。

活动准备

在桌面上分别设置幼儿园、家庭的简易场景。

宝宝、爸爸、妈妈木偶各一个。

活动过程

❶ 教师出示木偶宝宝及简易场景，观察比较幼儿园和自己家的不同之处。

请幼儿观察两个场景中哪一个是丁丁的家，哪一个是幼儿园，说说是从哪里看出来的。

建议指导语：对呀！这是他可爱的家，这是他喜欢的幼儿园。自从他上了幼儿园后，他就有了两个家了。因为，他喜欢幼儿园就像喜欢自己的家一样。

❷ 观看木偶表演，理解儿歌内容。

☆ 教师借助木偶和简易场景，边念儿歌边表演。

☆ 结合儿歌和幼儿已有经验提问：“早晨，丁丁是怎样离开家的？他高兴吗？你是怎么离开家的？”“到了幼儿园，丁丁做了一些什么事？他高兴吗？你在幼儿园会做哪些事情呢？”

❸ 学念儿歌。

☆ 教师完整朗诵儿歌。

☆ 教师以欢快的情绪带领幼儿学念儿歌。

☆ 引导幼儿边自由做动作，边完整地朗诵儿歌。

活动延伸

向家长宣传有关应对小年龄幼儿入托、入园焦虑的策略。

附儿歌：

幼儿园也是我的家

亲亲爸爸，亲亲妈妈，
高高兴兴离开家，
做做游戏，听听故事，
幼儿园也是我的家。

老师喜欢我

活动目标

从教师的动作、表情、言语中体会老师对自己的亲昵感情。

活动准备

木偶两个（老师、小姑娘）。

活动过程

❶ 游戏：找老师。

☆ 教师先躲在门后、柜子后、钢琴下等幼儿容易找的地方。请幼儿来找，找到后叫一声“×老师”，教师就出来。

☆ 对找到教师的幼儿，要给以拥抱、亲亲、抚摸等方式表示对他的爱，并说：“你真行！”

❷ 应答游戏。

教师闭着眼睛走到一个孩子面前，边摸边问：“你是谁？”幼儿回答姓名。对大声回答的幼儿说：“乖孩子，老师喜欢你。”并以握手、亲亲、抱抱等方式表示鼓励。

❸ 朗诵儿歌。

☆ 出示木偶小姑娘。

建议指导语：小朋友，你们好，我叫妞妞，你们喜欢我吗？猜一猜还有谁也喜欢我。

☆ 出示木偶老师，配合木偶姑娘朗诵儿歌、表演动作。

☆ 提问：老师怎么喜欢我？还有谁喜欢我？

❹ 师幼一起念儿歌。

活动延伸

幼儿每天早晨来园、下午离园时，教师以亲切的态度拥抱、亲吻孩子。

附儿歌：

老师喜欢我

老师喜欢我，喜呀喜欢我。
亲亲我，抱抱我，把我小脸摸。

家园共育

我上幼儿园了

❶ 通过各种形式，向家长了解孩子的基本情况（如电话访问、家访、家园联系册、亲子活动等）。

❷ 请家长准备好孩子的大头贴带到幼儿园，粘贴在孩子的个人物品处，如晨检牌、毛巾架、杯架等，帮助孩子辨认自己的物品。

❸ 请家长配合幼儿园的作息安排孩子的双休日生活，帮助孩子尽快适应幼儿园的生活，如早起早睡等。

❹ 请家长每天回家和孩子交流，说说幼儿园里有什么，好朋友是谁、今天做了什么游戏等等。建议家长以正面引导的形式与孩子交谈，让孩子讲述自己在幼儿园的愉快经历。

❺ 一般新生入园两周后，召开家长会，介绍幼儿在园的表现、幼儿年龄特点和本学期教学重点，帮助家长全面了解教育信息。

ꩰ案 例ꩰ

新生来园我支招

每年的九月，对大孩子来说是快乐的起点，对新入园的宝宝来说则是伤感的离别。新生入园难免哭哭啼啼，孩子伤心、父母焦虑。如何应对新生的情绪问题，有何高招呢?

☆ 转移注意

这是最常用的应对策略：从父母手中接过孩子后，马上利用丰富的环境、有趣的玩具或是孩子自己陈列在生活区的照片转移孩子的注意。让孩子的思绪从离别的伤感中抽离出来，投入新的关注点中。

☆ 顺应需求

顺应孩子的需求，寻找共同话题，融入孩子的游戏。这就是我们常说的陪伴顺应，用孩子的眼睛看、用孩子的头脑想，跟随到他能够融入某个情境中、情绪稳定后隐身而退。

☆ 家访铺垫，拉近距离

要和孩子增加亲近感，消除孩子的陌生与畏惧，开学前的家访很重要。家访中最主要的任务是“让孩子认识你”，在家访中尽可能多地和孩子玩，在熟悉的家庭环境中孩子更轻松和随意，这才容易跨出亲近的第一步。开学了，陌生的环境、陌生的同伴，却有两个不是那么陌生的老师，这对孩子情绪的安定是很有作用的。

☆ 家长会议，减轻顾虑

开学初的家长会是与家长交流、减轻家长焦虑的好时机。孩子新入园，家长往往比孩子更手足无措，这种焦虑的情绪会感染孩子，使孩子更难融入集体生活。

在开学初的家长会上，老师要与家长建立最初的信任关系，让家长放心地把孩子交给老师，并知道入园的分离焦虑是很正常的，也是会慢慢缓解的，让家长对孩子充满信心。只有这样，才能争取家长的配合，从情绪上积极引领幼儿愉快地投入学校生活。

当然，提供给家长一些小策略也是必要的，例如：在家与孩子聊聊幼儿园的开心事、说说爸爸妈妈上幼儿园时的趣闻等，亲子互动的效果是很好的。

☆ 错开来园时间，确保个个击破

在可能的情况下，错开孩子的来园时间，避免“大合唱”，让老师有充足的时间个个击破、个个互动。

☆ 哥哥姐姐连线，发挥亲情作用

总有一些孩子有哥哥姐姐在其他的班级，“去看看哥哥姐姐”也是一个法宝，有亲近的人可以暂时缓解一下悲伤的情绪；或是用“去看哥哥姐姐”给予一个闪烁着的希望，对情绪的控制都有一定的效果。

☆ 步步为营，尽早放手

“适应能力强的幼儿自己去玩，哭得厉害的抱在手里”，这是不少老师的想法和常用的做法，所以常常看到老师们左一个、右一个，恨不得头上顶一个。其实，只要活动安排适宜，“步步为营，尽早放手”才是最好的办法。

来园了，自己插牌牌、找照片，孩子能忙乎一阵；插完牌牌了，看看玩具柜里藏着什么，帮老师把××找出来，把××放到××去，孩子又能忙乎一阵……总之，这些组织与互动都是不需要老师在一边陪伴的，只要提一个要求，引一个头，孩子就能自己忙开，这样，老师就能抽身出来去照应更多的孩子。

☆ 门口接待，掌控全局

门口接待的目的是了解孩子当天的健康状况及家长的特别需求，所以不必长时间交谈，特别在新生入园的当口，更应把所有的精力给予孩子，而不是家长。门口接待的人员应尽量长话短说，更不可长时间守在门口等候。组织能力强，把控得住局面的老师要留守在活动区，确保孩子活动有序开展。

让宝宝自己来

☆　宝宝自己来插卡

过去在早晨的区域活动时，经常会有孩子来老师这里告状："他玩我的玩具了。""他不给我玩……"我们观察后，发现有许多孩子在早晨区域活动时因为去喝牛奶或上洗手间，桌上原本玩了一半的玩具被其他孩子玩了，因此发生了争执。针对这一点，我们决定让孩子自己来解决这一问题。经讨论后，我们制作了一把把小锁，让孩子在需要离开时，可以用小锁把自己还没玩好的东西"锁"起来，告诉别的小朋友这里已经有人玩了。就这样，孩子每当有事要离开时都会想到自己去拿小锁，小锁渐渐地发挥了作用。孩子之间的争执少了，他们开始学到和他人商量和等待。

☆　宝宝自己来点名

我们一推出"宝宝自己来点名"，就调动起了孩子的积极主动性，争着天天来打钩，每天在门口的展板上打钩成了孩子们最重要的事。同时针对小班幼儿的年龄特点，也为了进一步激发他们参与的欲望，我们设置了奖励的项目。当孩子能保持一周不迟到，就可以得到一个五角星贴纸，每周都能拿到五角星者在一个月后还能得到一份小礼物呢！这样一来，孩子自主的积极性更高了！看到他们打钩时的自豪表情，可以感受到他们正在体验着自己通过努力后获得成功的喜悦。现在我们班里的宝宝基本都能按时到幼儿园了，得五角星的孩子越来越多。

我会对人有礼貌

日常活动

大带小

活动指导

❶ 在合适的主题或特殊的节假日期间，和中大班的老师联系好，组织幼儿去他们班做客。让幼儿知道自己要去做客了，是小客人，应该向做主人的老师、小朋友问好，说“再见”。对于主人的热情招待和帮助表示感谢，说“谢谢”。

❷ 准备一些需要“剥”或“打开”的食品，让中大班的孩子帮忙，为幼儿使用礼貌用语做铺垫。

招呼客人

活动指导

❶ 当有人参观或有新生插班的时候，引导个别幼儿（小组或集体）和客人打招呼，说“早”、“好”、“再见”。

❷ 教师主动地向插班生介绍自己，说出自己的名字，并询问插班生的名字。

❸ 随机利用日常生活中发生的事，是帮助幼儿理解和别人友好相处的最佳方法之一。因为，在真实的情境中，更能让孩子体验到礼貌用语的含义和作用。

学说对不起

活动指导

❶ 当幼儿在日常生活中发生矛盾时，教师适时地进行协调解决，让幼儿学着说“对不起”，并了解它的实际意义。

❷ 遇到一些典型的事例也可在集体中进行交流讨论，让大家一起来说说，学着辨别对错，并知道在自己不对的时候要向对方说“对不起”。

❸ 如果在矛盾中的某位幼儿自尊心特别强，便不适宜在全班幼儿面前解决此问题，可以以个别沟通的方式予以解决。

集体活动

该说什么

活动目标

乐意和老师一起看看、猜猜。

感知文明的行为举止在生活交往中的作用。

活动准备

多媒体课件“该说什么”。

活动过程

❶ 看一看，猜一猜。

教师播放课件，引导幼儿对于课件中表现的每一个场景进行观察与讨论。

建议指导语：画面中有谁？他在哪里？他在干什么？他应该说什么？（老师早、谢谢你、请进、对不起、老师再见）

❷ 讨论。

教师引导幼儿根据个人经验进行讨论。

☆ 还可以在哪里？对谁说“早”？

☆ 发生什么事情的时候也可以说“谢谢”？

☆ 你会对谁说“请进”？

☆ 听到别人对你说“对不起”的时候，你会原谅他吗？为什么？

☆ 两个人分开的时候，我们除了可以说“再见”，还可以说什么？

活动延伸

关注娃娃家的“爸爸妈妈”招待客人的情况。

谁做得对

活动目标

感受和同伴游戏时分享的快乐。

试着在问题情景中用语言表述自己的想法。

活动准备

幼儿户外玩球视频两段。

建议情境：和大家一起玩时开心的场景；不愿意和大家分享玩具时不愉快的场景。

音乐。

皮球一个。

幼儿有玩球的经验。

活动过程

❶ 谈话导入。

教师引导幼儿回忆和同伴一起户外活动的场景，说说和同伴一起游戏的心情。

❷ 观看视频并讨论。

☆ 放映视频1：与同伴一起玩皮球的愉快场景。

建议指导语：他们做了什么让别人觉得高兴？

☆ 放映视频2：不愿将自己手中的球给同伴，并引起矛盾和不愉快的场景。

建议指导语：他们怎么了？为什么不高兴？

☆ 引导幼儿说说自己喜欢的和同伴一起玩球的方法。

❸ 游戏：传球。

幼儿随音乐玩逐个传球游戏。

活动延伸

捕捉幼儿一起游玩时的快乐情景，说说谁和谁一起玩得真高兴，谁和谁一起玩有点不高兴了。发生矛盾了该说些什么、做些什么才能让小朋友高兴起来。

案 例

对不起

在睡前盥洗的时候，佳佳和丹妮因为谁先用马桶而发生了争执，争执中丹妮把佳佳的脸给抓破了，佳佳脸上留下了一道深深的指甲印。

佳佳开始向老师告状，看着坐在马桶上的佳佳哭丧着脸，老师心里很不好受。丹妮虽然退到了一旁不再和佳佳争执，但也不甘示弱，向正在处理佳佳伤口的老师讲述佳佳如何和她抢占马桶。这个时候，老师一般都会偏心于受伤的孩子，“你告诉老师，抓人对不对？”在得到丹妮否定的回答后，老师要求丹妮对佳佳说声“对不起”。丹妮虽然照办了，但看得出，丹妮似乎有点不明白，自己为什么要说“对不起”。

事后，佳佳妈妈表示理解孩子的行为，丹妮妈妈则很过意不去，第二天一早就为受伤的佳佳买来了礼物，以示慰问，并特别告诉老师，这些礼物是丹妮亲手挑选的，还提示老师“丹妮是一个不轻易认错的孩子，希望老师通过这件事能好好地教育教育她”，同时也流露了不要伤害孩子自尊的想法。

怎样能够使两个幼小的孩子从这件事情中获取教训，同时也不挫伤她们的自尊呢？在这天的集体活动后，我拿出了礼物，请丹妮讲述昨晚和妈妈去超市挑选礼物的理由。看见丹妮拿出了糖果，每一个孩子都以为可以吃糖了，所以，都特别安静地听丹妮讲述。在讲述的过程中，佳佳得知糖是给自己的，显得特别的兴奋，迫不及待地从座位上走了上来。当丹妮将手中的礼物递给佳佳以后，佳佳说了一声“谢谢”，丹妮也很自然地说了一声“不用谢”。这时，老师对她俩有礼貌的行为给予了赞扬，并带领全班小朋友鼓起了掌。

此时，两个孩子似乎已忘记了昨天的不愉快，沉浸在眼前赠送礼物和获得老师、同伴肯定后的快乐中。于是，我话题一转，将昨天两个小朋友争抢一个马桶的故事说了一遍，并请全班小朋友想办法。这时，丹妮第一个说：“可以等一会儿的。”她的回答得到了更多小朋友的肯定。我又问：“小朋友用抓人、推人等办法解决问题好不好？”丹妮和小朋友都表示“不好”。这时，我觉得机会来了，便一边肯定丹妮的回答，一边又问丹妮道：“你觉得昨天你把佳佳的脸抓破对吗？”

“嗯……”丹妮一边拉长了尾音，一边摇头表示否定。

“丹妮已经知道自己昨天抓人做错了，所以，昨天她已经对佳佳说了‘对不起’。”我对全班小朋友说，然后又转身对丹妮说：“你能不能再跟佳佳说声‘对不起’，以后不再抓人了？”

“佳佳对不起！”这一次，丹妮当着全班孩子的面真诚地看着佳佳说了这声“对不起”。

丹妮的行为又一次得到了我的肯定。因为，这一声“对不起”不仅让丹妮明白了做错事应该要道歉，而且，也让全体小朋友明白说“对不起”并不是难为情的事情，学会说这句话，说明自己有点长大了，像哥哥姐姐一样有点懂道理了。

小班孩子的一个主要特点就是以自我为中心，以为世界是为他而存在的，不会从他人的角度思考问题。而且在家中也都是爸爸宠、妈妈爱的小皇帝、小公主，不会出现让他们不顺心的事，更不会出现让他们道歉的事。但到了幼儿园，小朋友多了，多少会出现一些摩擦，引导他们在做错事后学会道歉，使他们慢慢地去中心化，是至关重要的。

说好听的话

说一句“谢谢”简单吗？你一定会说，很简单呀。教小孩子说，也很简单呀，每一次你提醒他们，他们一定会说。可是，我觉得挺难的。不是难在发音，才短短两个字，谁都学得会。难就难在使用上。

我把“谢谢”常挂在嘴边，让孩子感受到什么时候使用，并且会在成人的提醒下使用。当他们在同伴交往中产生争执时，我首先问：“你有没有说过好听的话？”由此强化孩子的礼貌交往过程。

午餐时，是练习说“谢谢”的好时机。给孩子们盛汤，是我必做的。大多孩子对成人的这种劳动习以为常，根本不会感恩。但是菲菲却总是会在我给她盛好汤后说句“谢谢”。“不用谢”，我马上表扬道：“最喜欢给菲菲盛汤啦，她总会说好听的话。”简简单单的一句话，让更多的孩子开始愿意模仿，于是，轻轻的一声“谢谢”从孩子们的口中说出来。当好的习惯形成后，经常可以听到，我班的孩子自觉地使用礼貌用语，“谢谢”、“不用谢”、“对不起”、“没关系”、“请”等好听的话成了孩子们的好伙伴，孩子们也在模仿中积累起了经验，将文明礼貌变成了一种习惯。

你的和我的

日常活动

找找自己的相片

活动指导

❶ 引导幼儿在一日生活的各个环节都养成“找找标记”的习惯，在潜移默化中形成良好的规则意识。

☆ 将晨检牌插在有自己相片标记的地方。

☆ 洗手时，在盥洗室里找有自己相片的毛巾，擦干手。

☆ 喝水时，找有自己相片的杯子，取杯喝水。

❷ 引导新入园的幼儿背着书包进教室时，在家长帮助下一起在衣帽间找找自己的相片，并挂上书包。

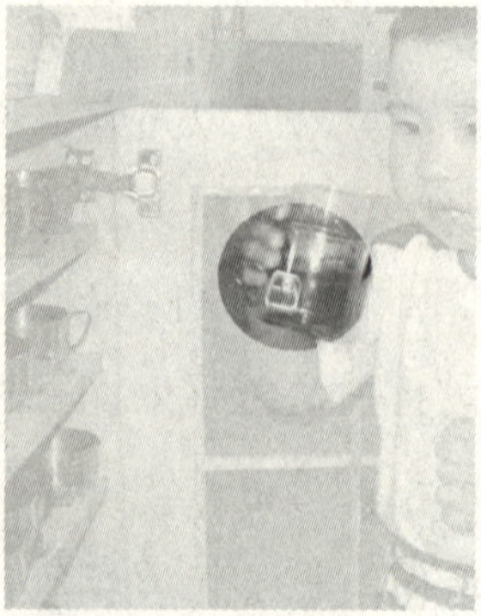

相片标记

我的多功能整理箱

活动指导

❶ 为每一名幼儿准备一个属于自己的多功能箱子（制作方法：在箱子的一侧做上双层插槽，并贴上相片标记）。在每天来园时，引导幼儿根据照片找到自己的整理箱，在插槽上插上晨检牌、接送卡。

❷ 自带的玩具或个人用品也可以放入箱子内，需要时取用。

❸ 教师可定期更换幼儿整理箱的摆放位置，引导幼儿在每天来园时找一找，增加趣味性。

我们的多功能橱

插上晨检牌

玩具回家真快乐

活动指导

在玩具橱的每一格上贴上和玩具盒上相同的标记（一个玩具橱一种颜色标记）。每次区域活动结束后的整理环节，鼓励幼儿根据玩具盒上的标记，寻找与玩具橱上相同的标记，让标记“手拉手”。

指导建议

根据幼儿的能力情况，教师可提供不同难度层次的标记：

❶ 找颜色回家（整体对应）。一个玩具柜一种颜色标记，所有可放入这个玩具柜的玩具盒都选用同种标记，幼儿可在整体对应的基础上有选择性地摆放。

❷ 找实物回家（一一对应）。在玩具橱的具体位置张贴实物的照片，幼儿根据照片一一对应，摆放玩具盒。

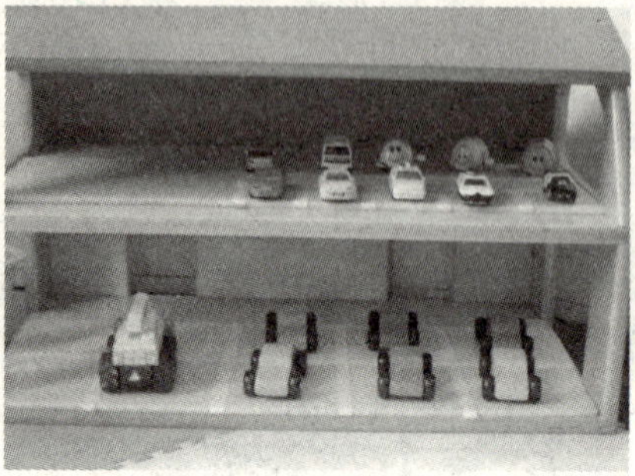

玩具回家变快了

家园共育

送玩具回家

建议并指导家长让孩子在家中也学习整理自己的玩具。

☆ 一开始家长可以和孩子一起整理，提高孩子的兴趣和积极性。

☆ 孩子表现好要马上表扬，随后逐步过渡到孩子自己整理。

☆ 同时让家长了解，一个好的习惯的养成是一个循序渐进的过程，一定要坚持。

ഗ案 例ഗ

借玩具

小班的孩子以自我为中心的倾向非常明显，尤其是当他们发现了自己喜欢的玩具以后，他们往往产生“自己玩的玩具，就是自己的玩具了”的想法，经常会表现出想要支配这个玩具的现象，如：独占着不给同伴玩，产生带回家去玩的愿望等。

所以，教师在为小班幼儿准备玩具的时候，一定要注意，给这个年龄段创设平行游戏机会，同时注意培养幼儿的“物品归属感”，即渐渐地让小班幼儿了解，哪些玩具是可以自己支配的（自己的玩具），哪些玩具是大家都可以玩的（幼儿园的玩具），而且，在玩的过程中是要遵守一定规则的。

一次，在离园的时候，洁洁看见老师新放在玩具架上的小汽车，爱不释手，不愿回家了。于是我对他说：“今天你可以把幼儿园的玩具汽车带回去，但必须答应做好两件事。第一，你要说：‘老师，把这辆车借给我玩玩好吗？’第二，明天上学的时候一定要把车带来，让小朋友一起玩。”迫不及待的洁洁马上答应了，接着高高兴兴地回家了。

从那以后，在我们班级，只要是幼儿喜欢的玩具，都可以向老师借，并在一定的期限内归还。幼儿园的玩具在幼儿需要的时候借给幼儿，让幼儿慢慢地体验到了即使是不属于自己的东西，自己想玩的时候也可以玩，但要尝试着向物品的主人借，在这个过程中孩子慢慢地从以自我为中心中走出来。孩子在借的过程中，学着用语言和周围的人沟通，与周围人交往的能力也得到了发展，不失为是培养幼儿“物品归属感”的一种两全其美的好方法。

我爱自助餐

日常活动

自助餐点

活动指导

❶ 在幼儿餐点时间，老师鼓励幼儿根据自己能力自主选择自己喜欢的餐点卡（贴有数字或几何图形），数数餐点卡上的图形数量或辨认卡片上的数字，以此确定自己今天想吃几块饼干。

❷ 将选择的餐点卡放入餐桌的软玻璃下，以确定自己的进餐座位（幼儿可根据自己的喜好选择和哪位同伴同桌享用点心）。

❸ 去盥洗室洗手后，在自己刚才预定的座位上入座。

❹ 提供幼儿各种小工具（小勺、夹子、筷子；提供的小勺可以有浅有深），使其能选择使用适宜自己能力的小工具，然后根据餐点卡的提示夹取相应数量的饼干。

❺ 在幼儿拿取饼干后，教师可以鼓励幼儿说说拿了几块饼干，学说一句简单的话，如：“我吃了×块甜甜的饼干。”

❻ 幼儿吃完饼干后，自己拿毛巾擦嘴，擦完嘴后，自己折叠毛巾，并将自己的餐点卡放入餐点盒中。

∽案 例∽

让我们的餐点更自主

又到了吃饼干的时间了，老师按惯例给来园的幼儿递上了热腾腾的牛奶和饼干。可孩子对吃饼干的兴趣不大，一看到饼干，不少孩子就纷纷摇起了头，开始东张西望起来。老师督促他们快点吃，可孩子看到吃饼干就哭，每次吃点心都要花上好长时间，到底该怎么办呢?

幼儿每天吃点心的兴致都不高，往往在教师的督促下把牛奶、饼干吃完。天气逐渐转凉，如果在吃点心的时间上花费较长，会对幼儿娇嫩的胃产生不良影响，也不利于幼儿养成良好的进餐习惯，久而久之，会养成幼儿做事拖拉的习惯。

我们不妨来分析一下幼儿不喜欢吃点心的原因：

☆　早点吃得太多或太晚。

有的幼儿可能早点吃得过饱；有的幼儿养成了睡懒觉的习惯，早点吃得晚，使点心和早餐间隔的时间过短，所以吃不下饼干。

☆　心理因素。

幼儿不爱吃饼干可能与幼儿吃饼干的不愉快经历有关。有的幼儿因为不喜欢饼干的味道或者在吃饼干时受到过大人的批评，本能上抗拒吃点心。

☆　贪玩或不专心。

有的幼儿生性好动，吃点心要占据幼儿玩的时间，所以就不愿意好好地吃点心；也有的受外界的干扰，导致不专心吃点心，所以久而久之就不爱吃点心了。

☆　点心环节缺乏情趣性，缺乏多元整合因素。

为了保证幼儿合理的营养，教师会选定饼干类型和块数等，这样，孩子在点心环节中往往处于被动的状态，幼儿的自主性难以得到很好的发挥。另外，点心环节缺乏多元整合因素，幼儿觉得比较枯燥、乏味，时间久了，幼儿吃点心的兴趣就越来越少了。

针对以上这些因素，教师不妨做一个有心人，创设游戏化的情境，让幼儿在生活中学习，积极为幼儿创设立体化的学习空间，让幼儿的点心活动更自主、更有选择性、更有趣。我们的“点心自助餐”就是一个很好的尝试。

☆ 卡片上多种呈现方式，让餐点更尊重幼儿的思维方式

由于这个年龄段的幼儿喜欢形象鲜明、具体生动的玩具，因此，我们选择各色的卡纸，上面粘贴幼儿喜欢的卡通形象（有幼儿熟悉的小动物、食品、有趣的玩具等），给了幼儿更多的选择机会。

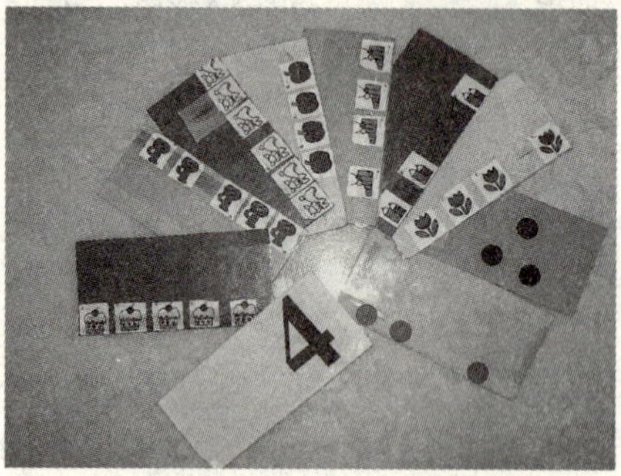

颜色各异的彩色餐点卡

多样化的卡片呈现方式

同时，我们在制作卡片的时候，考虑到不同幼儿的思维特点，将卡片的两面设计成不同的样式：一面是数字，一面是几何图形（或卡通图案）。幼儿如果对数字敏感，就可以按数字拿取饼干；如果幼儿喜欢图形或卡通图案，就可以用手指点数，点取饼干。这样做既尊重了幼儿的兴趣和爱好，又让幼儿体验到了成功感。

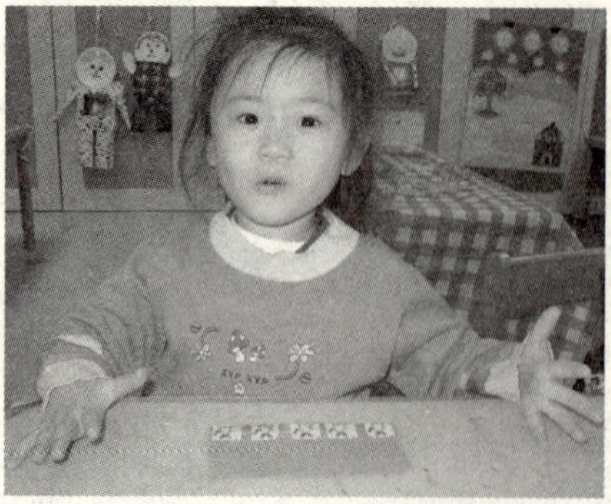

幼儿选择喜欢的几何图形卡片

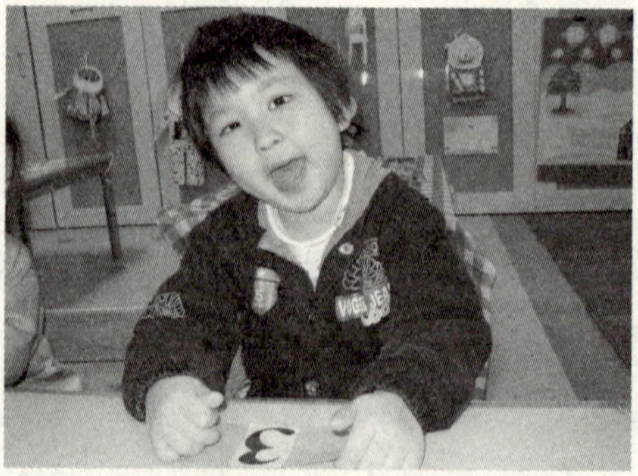

幼儿选择自己喜欢的数字

☆ 拿拿、点点、放放、说说，让餐点更有趣味性

我们的自助餐点充满了趣味性、互动性。由于幼儿的无意注意占优势，有意注意水平低下，常常东张西望，做事缺乏顺序性和细致性。于是，我们通过一系列的游戏，让幼儿感受餐点的趣味性。

拿拿——让幼儿自由选取喜欢的颜色卡片，把卡片插在透明桌布下，这样培养孩子拿取饼干的计划性。

多样化的卡片既尊重了幼儿的选择权，又让幼儿在活动中认识了数字、颜色、大小，将各个内容有机整合，让幼儿在活动中更容易获得满足。

孩子们自主选择喜欢的餐点卡

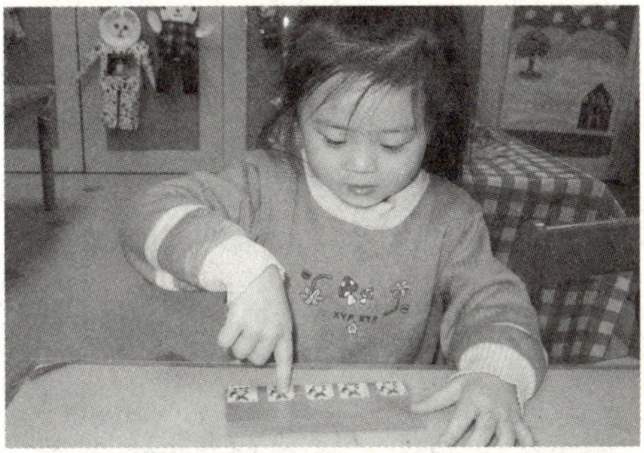

幼儿认真地点数

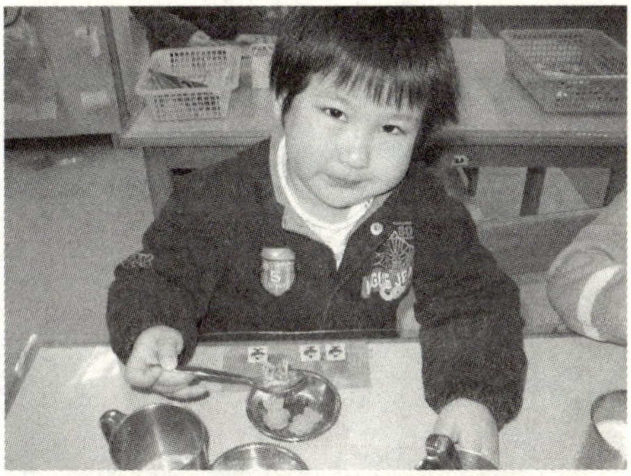

幼儿在使用勺子拿取饼干

幼儿在用镊子夹取饼干

幼儿之间交流自己吃的饼干

点点——幼儿用手指点一点卡片上的点数，培养幼儿手指点数的能力。在点数的过程中幼儿的观察力、注意力得到了很好的培养。

放放——幼儿根据卡片上的点数或数字，拿取喜欢的夹饼干的工具（小勺或夹子），夹取相应数量的饼干。这样便培养了幼儿一一对应的能力和手眼协调性。

说说——幼儿拿取饼干后，让幼儿互相之间说说自己拿了几块饼干，学说一句简单的话："我吃了……"既丰富了幼儿的词汇，又给了幼儿一个大胆表达表现的空间，同伴之间有了更多的交流，幼儿在活动中获得了很大的满足。

☆　自己制作餐点卡，让幼儿做事更有计划性

为了让幼儿的进餐更精彩，我们提出让幼儿自己制作餐点卡的想法。这一招果然奏效，幼儿的兴致很高。我们为幼儿准备了两个放饼干照片的篮子和一个放各式卡片的篮子，这样培养了幼儿收放物品、整理物品的能力，让幼儿做事更有计划

多样化饼干的选择

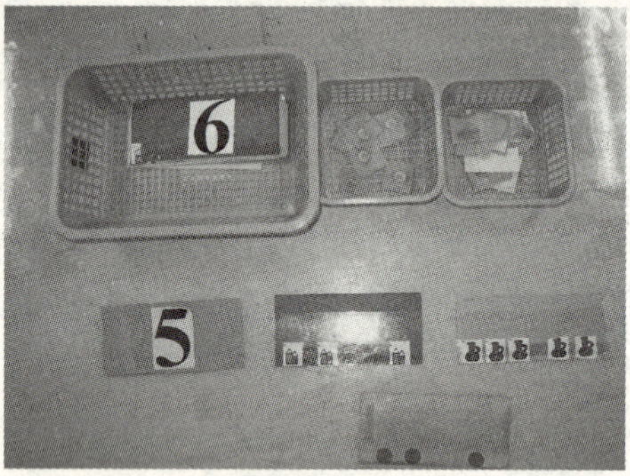

整齐的材料摆放

按类别摆放

一一对应的摆放

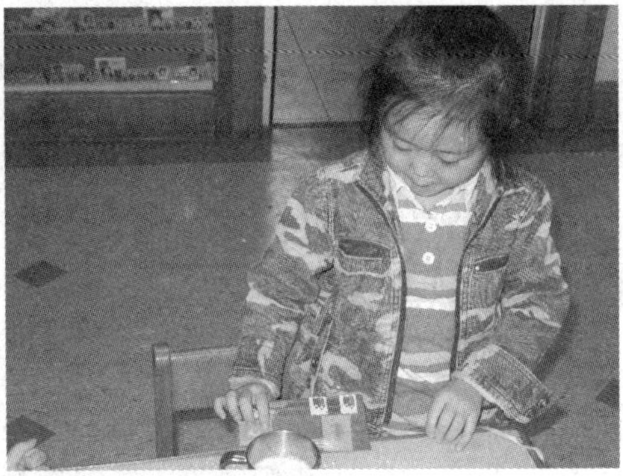

插餐点卡预留座位

幼儿自主洗手

性。接着，让幼儿自由拿取饼干照片插在餐点卡片里。这样既给了幼儿选择的自由，又让幼儿在活动中学习了匹配、一一对应等。卡片的个性化呈现方式（一类是分类呈现，一类是一一对应），尊重了不同幼儿的不同个性化思维方式。另外同伴间又有了相互学习的机会，有效培养了幼儿做事的计划性和条理性。

☆　餐点卡的透明化摆放，让教师对幼儿的进餐情况了然于心

由于幼儿每天早上吃早点的量有多有少，为了让每名幼儿的餐点都达到一定的量，保证幼儿的营养，所以，我们把餐点卡片放在透明的台布下。这样既方便幼儿一一点数，也便于教师观察和指导。例如：当幼儿拿取的饼干数和卡片上的数字不相符合时，教师适时指导，有利于加强幼儿的点数能力；又如，幼儿拿到一张点子

教师指导幼儿进餐

鼓励幼儿再次添加，保证幼儿的餐点量

少的卡片，教师根据情况，会上前询问幼儿吃饱了没有，引导幼儿根据点子卡片再添加一次饼干。卡片有间隙的摆放，给了幼儿再次选择的机会，更照顾到幼儿餐点的量，让幼儿根据自己的需要来添加饼干，保证孩子合理的营养。

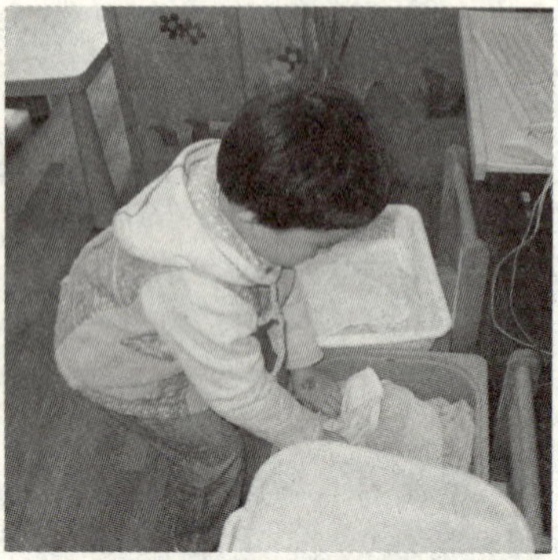

餐点卡片的归位

——让活动更有序

在活动中，我们也很注重生活细节的培养，例如镊子的取用、拿放等，鼓励孩子轻拿轻放，这有利于幼儿良好生活习惯的形成。再如，幼儿将餐点卡插在透明的桌布下后，去盥洗室洗手。这样既保证了幼儿进餐的卫生，又让幼儿通过找餐点卡来找位子，有效培养了幼儿的记忆力，又给其他同伴一个有效的信息——这个位子有人预订了，请待会再来！这样，环境的暗示教会了幼儿等待。通过一系列活动，枯燥的餐点变成了一种孩子乐意探索尝试的自主游戏，幼儿也越来越喜欢吃点心了！

实际上，教师只要做一个细心人，善于将幼儿有价值的经验加以归类、提升、统整，挖掘其中有利的因素，就能在一个活动中促进幼儿各项能力的发展。

饼干照片放入对应的小筐

轻轻放餐点卡

我的图书朋友

游戏活动

温馨图书角

材料投放

设置图书区，放置各类适合小班年龄特点的书籍；提供沙发、靠垫、小茶几等，创设温馨的图书角环境。

活动指导

❶ 幼儿阅读时，教师观察，指导幼儿用正确的方法看书。

建议指导语：小书平平放桌上，一页一页轻轻翻，看完一页翻一页。

❷ 在墙面上布置一些阅读图书的照片，以本班幼儿的实景照为宜，给予幼儿在阅读过程中保持安静、爱护图书等规则的暗示。

集体活动

小图书笑了

活动目标

培养幼儿爱护图书的良好习惯。

大胆用语言表达自己的想法。

活动准备

“小图书笑了”课件，图书若干。

活动过程

❶ 播放课件激发幼儿兴趣。

❷ 谈话，让幼儿讨论该如何阅读图书、爱护图书，教师小结，帮助幼儿掌握正确的方法。

建议指导语：图书为什么坏了？应该怎么看书呢？

看书的时候应该轻轻地拿、轻轻地放，一页一页轻轻地翻书。

❸ 大家来看书。在幼儿看书过程中，教师进行个别互动，引导幼儿爱护图书。

建议指导语：图书馆开门了，大家来看书。

附故事：

小图书笑了

幼儿园小班的图书袋里的图书可多了，小朋友都喜欢看。有一天，老师走进教室，听见“呜呜呜”的哭声，是谁在哭呀？老师找呀找，发现是一本小图书在哭。

老师问："小图书你怎么啦？"小图书说："呜呜，我好痛。"老师又问："怎么会痛的呢？"小图书说："是刚才小朋友看我时把我弄疼的。"毛毛在旁边说："是点点抢的。"小图书说："对，小朋友都喜欢我，可不知道怎样爱护我，这不，点点把我的胳膊拉断了。呜呜呜，好疼啊！"老师说："对不起，我来给你治病吧。""谢谢！""哈哈哈，哈哈哈！""咦，是谁这么开心呀？"老师问。"是我！小图书，我现在不哭了，因为小朋友都会爱护我，会一页一页轻轻地翻着看，我好高兴呀！"

案 例

图书的摆放

图书角是幼儿自主活动时最喜欢的去处。但由于幼儿年龄小、阅读的经验少、自控能力差，因此，每次看完书后，图书角里总是很乱，图书常有被撕破的现象。为了培养幼儿喜欢阅读、养成爱护图书的好习惯，我们经过尝试，发现可以从以下两方面进行指导：

☆　给图书按大小分类

图书有不同种类、规格，如果让小班的幼儿按种类分，就太难了，所以，我们决定从按大小分开始。幼儿刚开始时，总把大的小的混在一起，显得凌乱不堪，于是我们先引导幼儿观察图书是否一样大，他们仔细看了看说，不一样大。接着请个别幼儿分别将几种不一样大的书叠在一起。经过一番整理，他们发现共有四类不同大小的图书。

通过分类活动，幼儿对图书有了初步的感性认识。随后，我们提供摆放的书架，有意识地分为四个区域，便于幼儿将不同尺寸的图书归类。

☆　学习摆放整齐

图书的摆放规则一般都是封面在上、封底在下，可幼儿因为不知道这个规则而将图书放得横七竖八。于是我们先教幼儿认识封面和封底，封面因为特点鲜明，还是比较好认的，只不过如果教师不提醒，幼儿就不注意。

幼儿学会了区分封面和封底后，我们就请他们一起检查书架上的图书是否都露出封面了，发现不是，立刻重新摆正。在随后每天的整理中，教师还要观察幼儿的情况。一般来说，用两周的时间，全部的幼儿都能养成这个习惯。

图书的整理仅仅是帮助幼儿养成良好的整理物品的习惯的一个方面，更重要的是，通过整理图书，让幼儿知道任何一件物品都有它摆放的地方、摆放的方式。在日常活动中，教师要随时观察幼儿，千万不能“三天打鱼两天晒网”，要细水长流，这样一定能让幼儿形成一个良好的习惯。

环境小卫士

日常活动

我是环保小帮手

活动指导

❶ 幼儿人手一个塑料袋，分成若干组，跟着老师到校园内寻找垃圾或发现不整洁的地方。

❷ 拾落叶、埋落叶，简单了解落叶可以变肥料的小常识。

❸ 也可将活动场所延伸到公园里、小区里，让幼儿了解不仅要爱护幼儿园的小环境，还要保护社会大环境。

游戏活动

我来喂你喝点水

材料投放

操作指示牌、植物角里的盆栽、盛水用的小水壶或小杯子。

玩法：

❶ 每天值日生轮流或由幼儿自愿到植物角为植物浇水，浇水之后将操作指示牌上有植物笑脸的一面插上，说明今天已经有人为其浇过水了，后来的幼儿就不用再浇水了。

❷ 做做小实验：观察泥土水分过多或过少会产生什么现象，了解适宜的浇水量。

❸ 教师结合植物学的资料为幼儿介绍植物的喝水量。

指导建议

引导幼儿知道自己要按需喝水，植物也需要及时补充水分，并告诉幼儿正确的浇灌方式是将适量的水分浇在植物根部的泥土周围。

与纸巾宝宝做朋友

日常活动

纸巾和我做朋友

活动指导

❶ 在幼儿活动的每个区域准备好纸巾，以盒装抽取式为宜。

❷ 在生活区的墙面上进行布置，陈列在各种场景中使用纸巾的图片或照片（如有鼻涕时、小手脏时、小嘴沾有食物时等）。

❸ 在日常活动中，引导幼儿看看、说说什么时候和纸巾做朋友。

❹ 将班级中幼儿正确使用纸巾的小故事讲给大家听，引导幼儿学着在需要的时候取用纸巾。

我会擤鼻涕

活动指导

❶ 在日常活动中不断提醒幼儿有鼻涕时要用纸巾擦，不会擦可以请教师帮忙。

❷ 让幼儿学会正确的使用纸巾擦鼻涕的方法：边擦边擤；从鼻子的两边向里擦；擤鼻涕时要先按住一侧，单侧擤，以保护脑部。

❸ 发现幼儿有鼻涕时，可根据幼儿的能力强弱采取不同的引导方法。

☆ 对能力弱的幼儿，教师发现其有鼻涕时，可直接提醒并帮助幼儿，重点在于让幼儿懂得“有了鼻涕要叫老师”。

☆ 对能力一般的幼儿，教师发现其有鼻涕时，可引导幼儿到纸巾盒边拿取纸巾，并指导幼儿自己擦。

☆ 对能力较强的幼儿，教师发现其有鼻涕时，可直接提醒幼儿擦拭，并观察幼儿擦拭的方法，适时指导。

☆ 擦好鼻涕后提醒幼儿把用过的纸巾丢进垃圾桶。

集体活动

垃圾桶，作用大

活动目标

知道用过的纸巾应该扔进垃圾桶里。

了解不同类型垃圾桶的使用方法。

活动准备

各种不同的垃圾桶（脚踏式、手动式、敞开式、台式）。

活动流程

❶ 场景引入。

☆ 出示一张画有凌乱房间的图片。

建议指导语：这里乱不乱，该怎么办？

☆ 幼儿讨论：该把地上的纸巾扔在哪里？

建议指导语：小朋友，我们来一起动动脑子，帮老师想个办法。这些地上的纸巾该放在哪里？

❷ 试试、玩玩各种垃圾桶怎么用。

☆ 将各种垃圾桶放置在教室四周，幼儿随意选择。

建议指导语：玩一玩、试一试，这些垃圾桶你会用吗？

☆ 幼儿分享各自的经验，教师有目的地选取不同类别的垃圾桶，请个别操作过的幼儿在集体面前演示。

❸ 说说哪些地方需要放置垃圾桶。

将幼儿平时的生活场景用照片形式呈现出来，和幼儿共同看看、说说哪些地方需要垃圾桶来帮忙。

建议指导语：这是哪里？我们在干什么？哪里需要垃圾桶呢？

活动延伸

与日常活动相结合，要求幼儿在日常生活中相互提醒，做到将用完的纸巾丢入垃圾桶中。

漱口"咕噜噜"

日常活动

饭后来漱口

活动指导

午餐后的漱口环节，教师用语言提醒幼儿正确的漱口方法：取半杯水，喝一口水含在口中，闭上嘴，鼓动腮帮咕噜、咕噜漱口，吐出口中的水，用毛巾擦去嘴边的水滴。

建议指导语：小茶杯，盛半杯，喝口水，含嘴里。抬起头来咕噜噜，吐出水儿擦擦嘴，我的嘴巴真干净。

集体活动

漱 口 歌

活动目标

在多次感受的基础上，边感受边用自然的声音学唱歌曲。

在歌曲的学习中掌握漱口的方法，激发对漱口的兴趣。

活动准备

让幼儿有漱口的经验。

活动过程

❶ 游戏：老师做什么？

边看老师按节拍做动作，边按 | × × × × | 的节奏，用四个字说出老师在做什么。

如：× × × × | × × × × |……

老师拍球，　老师梳头……

❷ 学习《漱口歌》。

听歌曲旋律，回忆歌曲名称。

回忆歌词内容，学习漱口方法。

☆ 教师清唱并提问。

建议指导语：歌曲里唱了什么？喝口什么水？怎么漱口？（抬起头、闭上嘴，幼儿边学做动作边念）漱口时发出什么声音？漱完口怎么样？歌里先唱了什么？后唱了什么？最后又唱了什么？

☆ 幼儿说出歌词，教师用娃娃演示相应的动作并唱出该句歌词。

❸ 幼儿跟着音乐的节拍、节奏，放慢速度学念歌词，引导幼儿念准“手”“水”“漱口”等字词的读音。

❹ 引导幼儿运用多种形式唱歌。

宝宝来洗脸

日常活动

小脸洗干净

活动指导

❶ 将正确的幼儿洗脸步骤图贴在盥洗室墙面上，用餐或点心后，提醒幼儿根据墙面上照片提示的顺序完成洗脸过程。

❷ 教师要有意识地观察幼儿在洗脸前的准备工作是否做好，即将毛巾铺展开并放于手心。

❸ 在幼儿盥洗时，可配以儿歌（见资料库）来激发幼儿洗脸的兴趣，幼儿听着儿歌，在教师的帮助下绞干毛巾，用毛巾擦脸。

建议指导语：小手摊开，让毛巾宝宝平躺在手上。轻轻擦眼睛，两边眼角擦一擦。小花猫洗脸，上上下下洗干净。小嘴旁边擦一擦，小脸洗得真干净。

附儿歌：

学 擦 脸

小毛巾，手中拿，摊开铺平来洗脸，
先把眼睛擦干净，还有额头和下巴，
上下左右都要擦，小脸洗得真干净。

抹香香

活动指导

❶ 在洗脸之后，让幼儿对着镜子自己涂面油，感受自己涂抹的乐趣。

❷ 在幼儿抹面油时，教师指导幼儿的操作。

☆ 轻轻蘸一点面油。

建议指导语：小手小手戴小帽。

☆ 将面油点在额头、两边脸颊和下巴上。

建议指导语：上下左右点一点。

☆ 用手掌将面油抹开。

建议指导语：摊开小手画画圈。

☆ 照照镜子，检查面油有没有抹匀。

附儿歌：

抹 香 油

小手指，沾香油，
一二三四来跳舞。
上下左右点一点，
不要忘记小鼻子。
最后两手抹一抹，
我的小脸真香呀！

我的毛巾朋友

活动指导

❶ 在盥洗环节，引导幼儿根据毛巾架上的照片找一找自己的毛巾朋友，知道每个人都有自己的毛巾。

❷ 用完毛巾后提醒幼儿将自己的毛巾送到有自己照片标记的挂钩上。

❸ 教师可经常更换照片标记的位置，让幼儿找找照片、挂挂毛巾，增加趣味性。

自己叠毛巾

活动指导

❶ 将毛巾折叠成不同形状（长方形、正方形、三角形、圆柱形）的步骤画出示意图并塑封，在四个篮筐上分别贴上长方形、正方形、三角形和圆柱形。

❷ 洗完脸后，教师可以指导幼儿或幼儿自己观察示意图，将毛巾叠成不同形状，再放入有相应形状标记的篮筐内，以增加趣味性。

游戏活动

帮娃娃洗脸

材料投放

娃娃、小塑料面盆、小毛巾、小镜子、面油，表示洗脸顺序的图片：1. 眼睛、2. 额头、3. 脸颊、4. 嘴、5. 耳朵。

玩法：

❶ 根据图示，用小毛巾帮助娃娃擦脸，掌握正确的洗脸方法。

❷ 帮助娃娃洗手，洗手时要搓手心和手背，还有手指缝。

指导建议

❶ 提供的娃娃以塑料材质为宜，便于幼儿用湿毛巾为其洗脸、洗手。

❷ 娃娃的小脸上可事先抹上一点“灰”，增加游戏的趣味性。

集体活动

不爱洗脸的小猫

活动目标

能安静地听教师讲简短的故事。

愿意洗脸，掌握正确的洗脸方法。

活动准备

小猫玩偶、欢快的伴奏音乐。

活动过程

❶ 出示小猫玩偶，激发幼儿兴趣。

指导建议：在音乐声中，小猫哭着出现在幼儿面前。

❷ 教师讲述故事《不爱洗脸的小猫》并启发幼儿思考与讨论。幼儿听故事，为小猫出主意。

建议指导语：为什么没有小动物愿意和小猫一起玩？吃完饭了要干什么事情？为什么？

❸ 幼儿教小猫如何洗脸，幼儿和小猫一起开心地洗。

指导建议：重点引导幼儿掌握正确的洗脸方法。

附故事：

不爱洗脸的小猫

咪咪是只爱玩的小花猫。刚吃完饭，妈妈说："咪咪！咪咪！快来洗脸！"咪咪噘起嘴说："不要！不要！我要去找小狗淘淘玩。"说完就跑到花园去了。

小狗淘淘正在晒太阳，咪咪跑过去说："淘淘，淘淘，我们一起玩球吧？"淘淘说："好啊！我去拿球。"可是，淘淘突然看了看咪咪的脸说："不行，不行，你的脸上还沾着菜汁，我的球要脏的。我还是去和小鸡豆豆一起玩吧！"

小猫咪咪也生气了，她又跑去找小鸭嘎嘎玩捉迷藏，可小鸭嘎嘎也说："你的脸上还有饭粒，太脏了。"

小猫咪咪伤心极了，她急忙低着头回到家，对妈妈说："妈妈！妈妈！快给我毛巾，我要洗脸了！"

家园共育

一起来洗澡

家长可在为孩子洗澡的过程中，让孩子自己帮着一起洗，可引导他们自己搓搓背、洗洗脚，让他们感受爱清洁讲卫生的快乐。

☆ 可以让孩子洗泡泡浴，感受泡泡浴的快乐。

☆ 在洗澡过程中，给予孩子快乐玩水的机会。

☆ 也可提供幼儿和父母共浴的机会，增进亲子情感。

给家长的指导

❶ 建议家长在家中为幼儿创设良好的、便利的自我清洁环境，给孩子准备专用的洗脸盆、洗脚盆及毛巾等清洁用品。

❷ 建议家长平日注意在点滴小事上对孩子进行行为培养，鼓励孩子学着在成人的帮助下做力所能及的事，而不是都由成人包办做，如：进餐后自己洗脸、抹面油，饭前便后洗手。

喝水真快乐

日常活动

喝水小提示

活动指导

❶ 在饮水桶旁贴上三张图片（图片1：没有长出花朵的枯枝，表示杯子里的水太少了。图片2：带着伤心表情的花朵，表示杯子里的水满得要溢出来了。图片3：一朵盛开着的微笑的花朵，表示杯子里的水量刚刚好）。在幼儿喝水的环节，引导幼儿看图片提示，让幼儿知道适量喝水对身体有益处。

❷ 可鼓励幼儿每次盛水的量不用多，但可多喝几杯。

建议指导语：咕咚咕咚喝一杯，咕咚咕咚再一杯，宝宝喝水身体好。

有序喝水

活动指导

❶ 组织幼儿自己从杯架上取杯子。

❷ 在饮水桶的前方地面上贴上若干个圆点，供幼儿在喝水环节时，站在圆点上排队等候接水。

建议指导语：找个圆点做朋友，宝宝排队来喝水。

❸ 在饮水区地面分散贴上小标记（标记可以配合主题进行更换，如小星星、小花、小动物等，以增加幼儿兴趣），供接好水后的幼儿喝水时四散站立。这样，孩子能站在一个相对固定又有空间的地方喝水，相互间身体的摩擦就少了，不容易碰翻杯子。

今天你喝水了吗？

活动指导

❶ 教师制作一张“喝水记录表”布置在饮水区的墙面上，幼儿喝水后，在“喝水记录表”上自己的照片旁边贴上一张贴纸。

❷ 在离园前，师幼共同评选出当天的“水宝宝”。

找找杯子的小标记

活动指导

幼儿喝完水后，将茶杯对应放在茶杯架中自己的照片标签上，并将茶杯的小耳朵向外。

建议指导语：看一看，小杯子的耳朵露在外面了吗？小杯子真开心，谢谢小朋友。

∽案 例∽

开心喝水

我们常常在教室中看到这样的场景：孩子们从户外进来，洗完手后就开始用杯子接水喝，而这时，由于大家都想喝水，就很容易出现相互碰撞、把水洒在别人身上等现象。

如何让幼儿能有序喝水，并让喝水成为一个有趣、有意义的活动呢？我们班级的教师进行了探讨。

小班的幼儿由于其年龄的特点，导致规则意识差，每天生活环节的注意事项都必须由教师不停地反复指导，于是我们在喝水区进行了一些小小的设计，运用标记的暗示，提醒幼儿遵守规则。

我们将喝水区进行了小范围的划分：从饮水桶处向外延伸，做了四五个脚印的标记，让幼儿知道按着脚印的提示排队接水喝。然后在脚印四周空余的范围内四散粘贴了各种幼儿喜欢的贴纸：卡通娃娃、童话剧的人物、小动物等，让幼儿对自己喜欢的图案产生兴趣，并愿意找寻感兴趣的图案。

标记贴好后，有孩子立刻问了："老师，为什么要在地上贴贴纸？"我们就回答孩子："你们想和谁做朋友，就可以去找找它们呀。"于是，孩子们按着地上的标识进行了尝试，自己从杯架上拿出了杯子，就站在脚印上等候接水，接好水后立刻找寻分散在四周的图案。这样，幼儿能站在一个相对固定又有空间的地方喝水，相互间身体的摩擦就少了。

通过观察，我们在标识上又做了一些变更：孩子们接水的地方不需要用脚印，因为脚印占用的空间大，我们用早操时的圆点标记取代，幼儿同样也获得了暗示。同时，地面的标识也可以根据班级正在开展的主题进行更替，使幼儿除了喝水也能收获更多的知识和经验。比如：结合秋天的主题，我们把地上的图案都贴上了秋天的水果，幼儿在喝水的同时，也丰富了对各种水果的认识，喝水变得更有意思了。

对于小年龄幼儿的生活常规教育，单靠教师做秩序的维护者，一遍一遍地讲解是不够的，我们要充分利用环境的隐性教育功能，改进环境的教育功能，通过环境来调整幼儿的行为，用幼儿易于接受、喜欢的方式来达到教育的效果。

吃饭本领大

日常活动

自己吃饭

活动指导

❶ 进餐环节中，提醒幼儿自然靠近桌子，小脚放在餐桌下，一手扶碗，一手拿调羹。吃一口饭，再吃一口菜。

❷ 鼓励幼儿自己动手吃。

建议指导语：小小手，真灵巧，扶住碗，拿起勺，轻轻舀，慢慢嚼，不让米饭掉地上，自己吃饭真正好。

建议指导语：大米饭，喷喷香，小朋友，来吃饭，吃得好，长得好。

❸ 提醒幼儿将碗中的饭菜吃干净。

建议指导语：小小鸡，爱吃米，一粒米，两粒米，米粒全部吃光光，我的饭碗最干净。

各有各的家

活动指导

将“各有各的家”提示卡片夹在饭筐上，鼓励幼儿在进餐完毕后，根据图示把碗和勺分类放置。在幼儿操作过程中，教师可以结合儿歌与幼儿互动，引导他们边放器具边念儿歌，注意提醒幼儿轻轻放下。

附儿歌：

各有各的家

你有家，我有家，勺子宝宝也有家。（送勺子回家）
你有家，我有家，小碗宝宝也有家。（送小碗回家）

“各有各的家”提示卡

游戏活动

谁是好宝宝

材料投放

❶ 分类底板：在16开纸上画上下两行各四格，第一行前面贴上五角星，第二行前面画上一个手，示意“不行”。

❷ 塑封好的幼儿进餐图片若干幅（坐着自己进餐的幼儿，边吃边玩的幼儿；举着干净小碗的幼儿，桌面地面脏兮兮、拿着空碗的幼儿；在整理餐具的幼儿，不

收餐具就离开的幼儿；吃饭讲话的幼儿，安静吃饭的幼儿）。

玩法：

❶ 幼儿观察图片，判断图中所示行为正确与否。

❷ 将正确行为的图片放置在“五角星”一栏中，不正确行为的图片放置在“手”一栏中。

集体活动

吃 饭

活动目标

知道进餐时要坐端正、手扶碗、专心地一口接一口地吃。

活动准备

玩偶兔子、鸭子。

幼儿有吃饭的经验（部分幼儿存在不良的习惯）。

活动过程

❶ 幼儿观看情景表演并引导讨论。

☆ 观看情景表演一

提问：你们看，我的两位小客人吃饭时坐得怎么样？引导幼儿说小兔吃饭时坐得很端正。

☆ 观看情景表演二

提问：谁把碗打翻了？为什么会翻？小兔是怎么样的？与幼儿一起做：一手拿勺，一手扶碗，就不会打翻了。

☆　观看情景表演三

提问：我们来看看，小兔、小鸭它们桌上怎么样？为什么小兔面前干干净净，小鸭面前的桌上很脏？

建议指导语：一手拿调羹，一手扶小碗，小手捧得牢，嘴巴亲小碗，饭菜进“山洞”。

❷　引入儿歌《吃饭》。

☆　在观看情境表演中引入儿歌，和幼儿一起念一念、做一做。

活动延伸

在幼儿日常生活的进餐环节，可播放儿歌，给予幼儿进餐时的暗示。

附儿歌：

吃　饭

吃饭时，坐端正，
右手拿调羹，
左手扶着碗。
细细嚼，慢慢咽，
不剩饭，不挑菜，
自己吃饭真能干。

附情境表演剧本：

情境表演一

玩偶小兔、小鸭到老师家来做客（敲门）：老师好！

老师：今天你们来做客，我准备了你们爱吃的饭菜请你们吃（兔、鸭面前放一只碗、一把勺）。

小兔坐得端正，吃得认真。

小鸭坐不好，东张西望。

情境表演二

小兔、小鸭继续吃饭。

小兔一手拿勺，一手扶碗，一口一口认真地吃。

小鸭不扶碗，把碗弄翻了。

情境表演三

小兔、小鸭继续吃饭。

小兔吃得很干净。

小鸭说：“这个我不爱吃。”还用手抓出来。

家园共育

宝宝自己吃

当孩子开始有一定的独立能力，喜欢尝试自己做些事情时，家长就要开始注意孩子独立性的培养。锻炼孩子自我服务的能力，让孩子独立吃饭，是最基本的生活自理能力训练之一。

☆ 培养孩子使用餐具独立吃饭

吃饭前让孩子把手洗干净，自己拿勺或筷子在大人身旁一起吃饭。初学时孩子的手部动作不太协调，容易撒饭弄脏衣服，这是每个孩子都会存在的问题。家长不要责骂他，要耐心地帮助孩子，教给孩子拿勺、筷子的正确姿势，让孩子模仿大人的动作，把饭一口一口送进嘴里。家长可以给孩子夹菜、添饭，但不要喂。鼓励孩子自己吃，告诉他，宝宝吃了能长高等。

☆ 养成良好的饮食习惯

吃饭时不要让孩子边吃边玩、边吃边看电视，要专心致志。每次给孩子少盛一些饭，让孩子能够吃完，以免剩在碗里养成浪费粮食的习惯。培养孩子爱吃各种食物，不挑食、不偏食。

☆ 不要让孩子独占食物

进餐时，餐桌上好吃的东西要按人分份，让孩子懂得共同分享、礼让别人，防止孩子养成一切都自己优先、独占食物的不良习惯。

案 例

其乐融融的一家人

你见过小朋友喂自己的爷爷奶奶或爸爸妈妈吃饭的吗？我们班就有！

过去，我们班的幼儿吃饭有的快、有的慢，速度差异很大。如何让吃得快的幼儿避免过久的等待，又如何让吃得慢的幼儿能提高速度，我们老师提出了一个好点子。

有过去饭店吃饭经验的人都知道，一般情况下一家人都是一起进出饭店的，所以，我们就把这一经验与幼儿分享，提出了“我们班级的小朋友也是一家人，以后我们吃饭也要一起开始吃、一起吃完”的倡议。这一倡议很容易就让我们班的幼儿接受了，并在进餐的过程中积极行动起来。

你瞧，平时自己吃饭需要老师提醒的丹妮，今天“认”了一个比自己吃饭更慢的“爸爸”张天一后，自己动手拿起了张天一碗中的勺子，一口一口地喂其吃饭；安琪在一个劲地鼓励自己的“奶奶”乐乐快点将嘴中的饭咽下去；更有一些“爸爸妈妈”在告诉自己的“家人”：“把碗里的饭菜吃得干净点”……

这就是我们班在“我爱我家”的主题活动中，由教师引发幼儿在生活中和家人一起上饭店吃饭的经验，而尝试的不同寻常的进餐活动。在这个活动中，由教师指定一名幼儿，他可以自定角色，然后，去寻找自己的同伴，组成一家人后入座在一起进餐，在进餐的过程中，幼儿的情绪明显高涨了许多，且还表现出了上述的关注同伴和关心同伴的言行。

“游戏生活化”这种形式对小年龄幼儿来说，是极其合适的。它不仅能够激发幼儿主动参与的兴趣，更能使幼儿在彼此间的互动中，相互影响，共同增加经验。

睡个好觉

日常活动

我的小床标记

活动指导

❶ 在幼儿的小床边贴上他们自己的照片，幼儿进入睡眠室后根据自己床上的照片寻找小床。这样改变了入睡前教师忙碌着带领每个孩子找床入睡的状况，为教师更好地照顾个别幼儿提供了方便。

❷ 睡眠室里小床的摆放位置可以适时更换，以增进幼儿找床的兴趣。

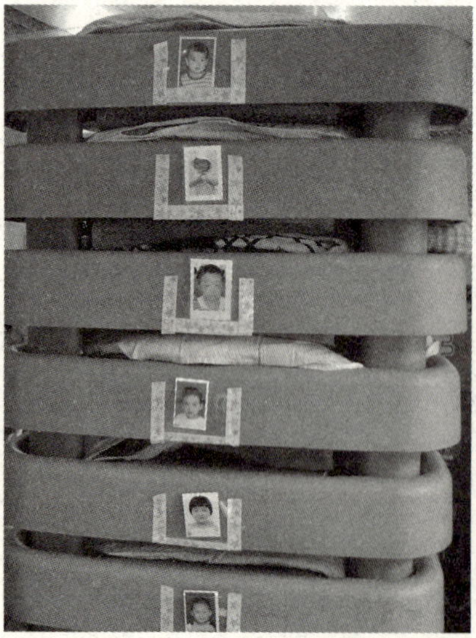

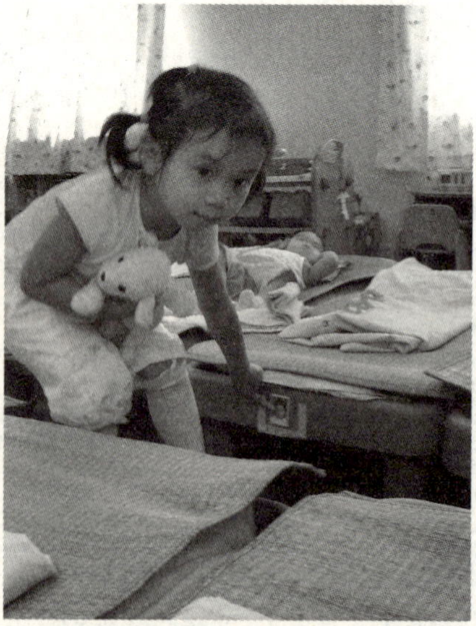

我会理发卡

活动指导

在午睡前，提醒女孩子将自己的发卡和头饰取下，尝试进行分类摆放，培养幼儿午睡时不戴头饰的习惯，确保安全。

音乐伴我睡

活动指导

在幼儿入睡前放一些轻音乐，让幼儿在轻松的环境里入睡。起床时间也可选择播放音乐，给幼儿起床信号，并轻柔地唤醒未醒的幼儿。

安静睡眠室

活动指导

❶ 教师帮助幼儿做好睡前准备：

☆ 提醒每个幼儿睡前小便。

建议指导语：幼儿园，静悄悄，小朋友，要睡觉，睡觉前，要小便，呼噜呼噜睡得好。

☆ 检查每个幼儿的衣物，不把玩具、杂物带进卧室。

☆ 协助幼儿有顺序地脱衣裤（鞋、裤、衣）。

☆ 检查衣物及小鞋子的摆放状况。

❷ 在幼儿刚睡下时，教师可结合情境，轻声与幼儿交流，时间以几分钟为宜。

建议指导语：小树不摇了，小鸟不叫了，小手放好了，眼睛闭上了，宝宝睡着了。

建议指导语：××的被子盖得真整齐；××的眼睛闭得牢牢的；××好像已经睡着了。

游戏活动

熊宝宝要睡觉

材料投放

熊宝宝、一条小花被。

玩法：

幼儿在生活区中，照顾熊宝宝入睡。学着给熊宝宝盖好小被，轻轻拍熊宝宝入睡，哼歌给熊宝宝听，唤起幼儿自己入睡时的经验。

集体活动

这样睡觉真舒服

活动目标

了解正确和错误的睡姿带给人的不同感受。

活动准备

各种不同睡姿的图片、小熊玩偶。

活动过程

❶ 以小熊身份导入："小熊要睡午觉了，怎样睡才舒服呢？"

❷ 幼儿讨论怎样的睡姿才能睡得舒服。

❸ 小熊分别模仿一下幼儿讨论出的不同的睡姿（包括趴着睡、蒙被睡等不良姿势），并以小熊的口吻告诉幼儿趴着睡和蒙被睡的感觉。

建议指导语：小熊小熊，请你告诉小朋友这样睡舒服吗？

建议指导语：趴着睡觉胸口闷闷的，不舒服；蒙着被子睡觉把鼻子都堵住了，也不舒服。

❹ 请幼儿看看小熊的正确睡姿（仰睡或侧睡），小熊告诉幼儿这样睡觉才舒服。

活动延伸

在幼儿午睡时段，教师可巡回观察幼儿的睡姿，并以小熊的口吻提醒幼儿仰睡或侧睡。

我的手儿巧

日常活动

扇大风（穿开衫）

活动指导

在午睡起床环节，指导幼儿如何穿开衫：两手拎住衣领，将两个袖管对着自己，然后一起说："扇大风了。"两手同时向后扬起，把衣服罩到背上，再将两只小手伸进衣袖，最后将纽扣扣上或拉上拉链，完成穿开衫的过程。

建议指导语：扇大风，扇大风，大风扇起来，衣服穿好了。

叠衣服

活动指导

在午睡脱衣环节时，指导幼儿如何叠衣服：

❶ 把衣服平放在桌上或床上。

建议指导语：两只袖子开飞机（袖子平放两侧）。

❷ 有纽扣或拉链的，将两边的衣襟对整齐。

建议指导语：衣服小门关起来。

❸ 将两只袖管折叠到胸口。

建议指导语：一起来抱娃娃，这只手抱一抱，那只手抱一抱。

❹ 如果是带帽子的衣服，将帽子翻下来。

建议指导语：帽子帽子点点头。

❺ 最后将下摆折上去。

附儿歌：

叠 衣 服

放平衣服对整齐，两袖向前抱一抱，
再把“腰儿”弯一弯，看我衣服叠得好。

穿脱袜子

活动指导

❶ 在起床环节中，指导幼儿如何穿袜子：两手捏住袜筒口，小脚钻进去。

建议指导语：钻到底。

❷ 提示幼儿检查袜后跟的位置是否正确。不正确的及时手把手地帮他纠正，把袜子后跟转到脚后跟。

❸ 幼儿刚尝试自己穿袜子时可以先提供无跟袜子，再提供有跟袜子。

❹ 冬季协助幼儿将棉毛裤包进袜筒里面。

自己扣纽扣

活动指导

❶ 在日常生活环节，尽可能多地创设让幼儿自己穿衣服、扣纽扣的机会，通过教师指导，使幼儿学会自己扣纽扣。

建议指导语：我们现在来钻洞洞，看谁的洞洞钻得快？

❷ 为幼儿操作提供便利，逐步增加难度。如四粒扣的衣服，教师最初可为幼儿扣上三粒，留最后一粒让幼儿自己操作，既避免了扣眼和纽扣对应的错误，又增加了孩子的成就感。再逐渐根据幼儿能力，减少教师扣纽扣的粒数，增加幼儿操作的机会。

游戏活动

扭扭看

材料投放

毛毛虫（在布片内塞棉花，做成棉布片，中间开锁眼，尾部钉纽扣）。

玩法：

幼儿通过扣纽扣把毛毛虫的身体连起来，以此来发展幼儿的小肌肉。

自己扣纽扣

材料投放

带纽扣的衣服（爸爸妈妈的衣服，娃娃的衣服）；布娃娃。

活动指导

❶ 给布娃娃穿衣服。

❷ 自己试着穿穿爸爸妈妈的衣服。

卷袜子

材料投放

各种颜色、大小不同的袜子；放袜子的篮子；袜子分类放置盒。

玩法：

幼儿尝试找到两只相同大小、花色的袜子，将两只袜子的袜头、袜跟对应摆放，然后从袜头开始向上卷，最后将袜子分别插入袜子分类放置盒。

建议指导语：袜头碰袜头，袜跟碰袜跟，变成一个大馒头。

指导建议

为了增加幼儿的兴趣，可将家庭成员的照片粘贴在袜子分类放置盒上（爸爸、妈妈、宝宝），鼓励幼儿将卷好的袜子分别放到相应的照片前面。

附儿歌：

卷 袜 子

找呀找，找呀找，
袜头袜口找朋友，
找到朋友翻跟头。

晾衣服、晾袜子

材料投放

娃娃家的环境布置；各种款式的衣服、裤子、袜子；夹子。

玩法：

❶ 给袜子宝宝找朋友，用夹子把找到的一对对袜子晾起来，练习夹的动作。

❷ 幼儿在娃娃家中做爸爸妈妈，晾晒娃娃家中的衣服，在挂衣服的过程中学习分辨衣服、裤子的前后。

衣服摆得齐又齐

材料投放

在衣橱的不同隔层上贴上分类摆放的图示标签、各种款式的衣服、娃娃家的环境。

玩法：

幼儿将衣服一一折叠整齐，按图片的标识归类并放在相应的衣服橱架内。既反复练习了折叠衣服的方法，同时也养成了物品归类等良好的生活卫生习惯。

家园共育

我帮妈妈叠衣裤

❶ 父母在整理洗晒的衣服时，可让孩子帮忙，一起折叠衣裤，再将衣裤分类放到固定位置。

❷ 由于父母的衣物较大，可让幼儿折叠自己的衣裤或大家的袜子，体验和成人一起劳动的快乐。

ꩰ案 例ꩰ

我会自己脱外套

天气一冷，我们常常看到这样一个场景：家长们来接送孩子时，担心外面的冷空气会让孩子感冒，先把身后教室的门赶紧关上，再帮孩子脱下厚厚的棉外套等衣服，等到帽子、围巾全部脱好，家长已经一身汗了……

现在，孩子已经上小班了，我们一直鼓励孩子自己的事情自己做，那么如何让幼儿自己来脱外套并从中获得自信呢？

我们先在教室门口开辟了适合放衣服的空间，投放各种衣架：圆形的小衣架、长长的大衣架；然后在衣橱的外面贴上了幼儿喜欢的图案：小花、圆形，并且把小朋友每个人的学号放在小花和圆形的旁边。幼儿自己脱下衣服后，就把自己的学号放入小花或圆形下面，表示自己脱下了外套。这样，我们为幼儿创设了一个温馨、自主、有推动力的脱外套的环境。

爸爸妈妈的工作也是我们不容忽视的。于是我们利用开放日活动，让家长来关注幼儿自我服务的能力。看到幼儿能自己脱下外套，用衣架挂好，将衣服挂到衣橱中，再将自己的学号放入小红花的下面，家长也就放心了。同时，我们还鼓励家长在家中也给幼儿锻炼的机会。

我喜欢小花、圆形

瞧！这可是我们自己挂的外套

看我棒不棒

有趣的身体

游戏活动

灵敏的小耳朵

材料投放

装有米粒、石头、沙子的塑料瓶；底板（上面分别画有米粒、石头、沙子）。

玩法：

晃动瓶子，听听里面是什么，并将瓶子和底板配对。

集体活动

小脚丫

活动目标

能够根据要求快速指认身体的部位。

了解脚的作用大。

活动准备

幼儿脚的图片、娃娃一个、音乐磁带。

活动过程

❶ 游戏：滑稽的脚先生。

幼儿边听儿歌，边做动作。

❷ 猜猜它在哪里。

教师说名称，幼儿快速指出：脚尖、脚跟、脚底、脚背、大脚趾、小脚趾。

❸ 讨论：小脚有什么本领？

附儿歌：

滑稽的脚先生

先用脚尖踮着走，
再用脚跟跷着走，
还用小脚边边走，
走得歪歪又扭扭，
两脚还能跳跳跳。

小手小脚会探宝

活动目标

感受触摸不同质地的材料所带来的不同感觉。

体验自由探索带来的乐趣。

活动准备

不同质感的材料若干（纸、海绵、泡沫塑料、黄沙、鹅卵石、地砖、米）。

活动过程

❶ 探索。

教师将不同材料铺在教室地板上，形成木板路、地砖路、黄沙路、鹅卵石路等，幼儿用手脚自由探索，感知不同质感的材料。

❷ 讨论。

☆ 说说脚踩在不同的材料上或用手摸上去会有什么感觉。

☆ 教师指导并说明这些材料是什么。

❸ 小结。

教师和幼儿共同总结：木板路走上去感觉硬硬的，有点暖暖的；地砖路是冰凉的，很光滑的；黄沙路是麻麻的，脚还会陷下去的；鹅卵石路是不平的，脚走在上面有点疼疼的……

活动延伸

教师还可以带幼儿到户外赤脚行走在草地上、水泥路上、塑胶跑道上等，让幼儿感受不同材质的地面。

宝贝在哪里

活动目标

在学习歌曲的过程中认识身体的各个部位。

活动准备

音乐磁带。

活动过程

❶ 用儿歌形式理解歌词意义。向幼儿提问：

☆ 我叫你们好宝宝，你们叫我什么？

☆ 好宝宝，我问你，你的小手在哪里？（幼儿边说边举起自己的小手）

把“小手”替换成身体各部位，继续问答。

❷ 学唱歌曲。

☆ 听歌曲，集体学唱。

☆ 请男孩、女孩进行一问一答式的演唱。

☆ 将“好宝宝”换成幼儿名字进行个别互动。

☆ 将“小手”替换成身体其他各部位，进行演唱。

附歌曲：

好 宝 宝

1=C 2/4

1 3 5 | 6 6 5 | 4 · 4 3 3 | 2 2 1 |

好 宝 宝，我 问 你，你 的 小 手 在 哪 里？

1 3 5 | 6 6 5 | 4 · 4 3 3 | 2 2 1 ‖

××老 师，告 诉 你，我 的 小 手 在 这 里。

会动的身体

活动目标

引导幼儿在玩玩、看看、说说中，知道身体的很多部位是会动的，对自己的身体感兴趣。

鼓励幼儿能大胆地在集体面前表达自己的想法。

活动准备

《健康歌》音乐。

各种体育玩具放在活动室后面：羊角球、皮球、滑板、气球等等。

幼儿人手一份记录卡（记录卡上画有一个正面小人）、一支彩色蜡笔、几面镜子。

活动过程

❶ 幼儿自由探索玩体育玩具，初步感受身体会动。

建议指导语：你们的身体会动吗？教室后面有很多玩具，你们每人选一样自己喜欢的，玩一玩、看一看、说一说身体的什么地方动了。

鼓励幼儿在玩的过程中创造“一物多玩”，并与同伴说说自己玩的时候身上什么动了，比如：我在拍皮球，我的手动了；我在吹气球，我的嘴巴动了。

❷ 初步探索会动的身体。

☆ 请4～5名幼儿展示自己的活动。

建议指导语：你刚才玩了什么？玩的时候身上什么地方动了？

☆ 教师可以引导幼儿先玩给大家看，然后再说，也可以请其他小朋友仔细观察他的动作再表达自己的想法。

❸ 幼儿第二次自由玩体育玩具，并加强幼儿的看和说。

❹ 探索身体更多会动的部位，并感受身体动了的快乐。

☆ 讨论除了手、脚、头会动外，身上还有哪些部位也会动？（鼓励幼儿自由、大声地发表自己的看法）

☆ 听着音乐，一起动动身体（播放音乐，教师和幼儿一起快乐地动一动，边动边启发幼儿说出自己动的地方，如：我的眼睛动了；我的屁股动了；我的手指头动了等等）。

活动延伸

请幼儿回家后继续找找自己身体上哪些地方会动，并请爸爸妈妈一起帮忙记录下来。

家园共育

认识身体

❶ 请家长帮助搜集有关身体的书籍、视频，与大家分享。

❷ 建议家长引导幼儿观察人的身体部分的外形特征、每个人的异同等。

❸ 请家长平时引导、督促幼儿保护好自己的身体。

我会更健康

游戏活动

量一量

材料投放

身高测量纸尺、幼儿照片、笔。

玩法：

1. 幼儿两人合作，相互帮助测量对方的身高。
2. 在纸尺上做出身高标记，并贴上照片。

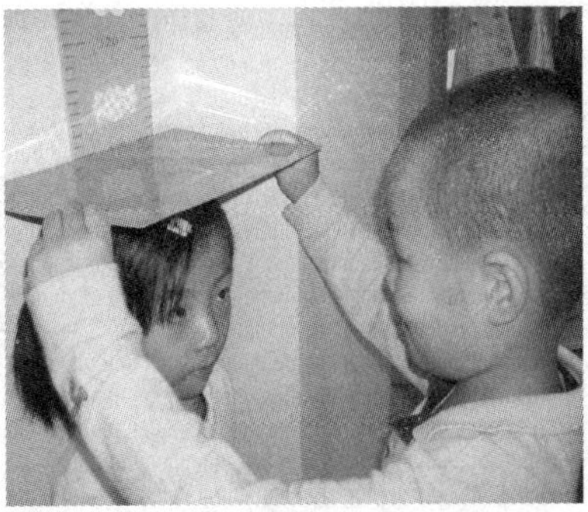

指导建议

在测量身高时，被测量幼儿注意双脚要贴紧墙角，脚跟不能离地。测量幼儿手中的板要保持水平。可在幼儿测量的标注旁用个人符号标出，以便一段时间后再测量时对比。

营养菜汁

材料投放

手动榨汁机、蔬菜（胡萝卜、西红柿等）、白糖。

玩法：

❶ 幼儿自制菜汁，在操作过程中了解蔬菜不同的食用方法。

❷ 品尝自己制作的菜汁，感受蔬菜的美味与营养。

指导建议

也可延伸为制作果汁。

家园共育

健康小纸人

以前，孩子体检后，医生都会在教室门口张贴一张体检表，把孩子的体检情况告知爸爸妈妈，但是孩子并不知晓自己的身高、体重情况。现在，我们把这个信息向孩子们公布，孩子们根据自己的身高、体重，对照标准，了解自己的健康状况，并通过“小纸人”的形式张贴在教室的墙面上。

身体方方的小纸人
说明“我”有点超重

这根黑黑的线
说明“我”要多运动

头上的箭头
说明“我”要多跳跳，长高点

身上的红星
说明“我”很健康

健康链接——幼儿免疫预防

亲爱的家长：

免疫预防是防止传染病发生的重要手段。

近日是三周岁幼儿接种流行性脑炎的初免时期、五周岁幼儿接种乙型脑炎的加强免疫时期，希望各位家长及时与居住区域的地段医院联系，做好预防接种工作。

为了保障您的孩子的健康，预防传染病的发生，如您的孩子已进行预防接种但没有与本园医务室取得联系，您可在晨检时告知医务室，以便及时登记。如有特殊情况令您的孩子不能按时接种疫苗，也请及时与医务室取得联系，以便进行各方面的更好管理和对幼儿的个别照顾。

一般情况下，在进行计划免疫前后，家长应注意以下方面：

☆ 要在幼儿身体状况良好时进行接种，接种前最好洗个澡、测量幼儿体温。

☆ 接种当日应让幼儿多休息、多喝水，不要使幼儿太兴奋、太疲劳，这一天不要洗澡。

☆ 如不能在指定的时间进行预防接种，应主动与预防接种医院门诊处预约补种日期。

让我们共同做好幼儿的预防接种工作。

祝您和孩子身体健康，身心愉快！

案 例

胖宝宝也会贫血

众所周知，贫血是“瘦病”，但如今，也有些看上去很壮实的孩子却是贫血。医学专家指出，现代城市儿童的贫血和饮食方式、生活习惯、营养结构以及卫生习惯等有关系，如：偏食就会导致缺铁。

星儿是一个矮矮胖胖的女孩，常常听她的外婆说：星儿最爱吃奶粉和鲜奶蛋糕，妈妈也常常买一些营养保健品给女儿补充营养。可是，在一次身体检查中，星儿被查出患了贫血。这个消息不但令家长震惊，也使教师百思不得其解。我查阅了大量的资料，终于找到了答案：整天喝牛奶、喝酸奶、吃奶油蛋糕，午餐、晚餐之后还要消灭一个冰淇淋，像这样成天和“奶”打交道的孩子很容易患上缺铁性贫血。其实，牛奶中铁的含量非常少。一般而言，每100毫升牛奶仅含铁0.1～0.5 毫克，而幼儿每天需要的铁含量为12毫克。因此，即使孩子每天被灌满各种各样的奶制品，还是远远不能满足对铁的正常需求量。

我及时联系了星儿的家长，进行了沟通，制定方案，以做到家园一致，齐心协力。

☆ 纠正孩子偏食的不良习惯，鼓励孩子多吃富含铁的食物，如：菠菜、豆制品、黑木耳、动物的心和肝以及牛肉等。

☆ 不能只有“高蛋白”。不少孩子的蛋白质和脂肪摄入量都不缺，可却因为新鲜蔬菜和水果吃得不够，而缺少叶酸，并由于叶酸的缺乏导致营养性巨幼红细胞性贫血。专家认为，儿童饮食高蛋白未必就等于营养好，营养好应该是指各种营养摄入均衡、适量。平时应让孩子多吃新鲜蔬菜和水果，特别是富含叶酸的食物，如：豆类、绿叶蔬菜、全麦面包等粗粮以及新鲜水果等。

危险知多少

日常活动

上下楼梯

活动指导

❶ 在幼儿园的楼梯上根据上、下方向贴上相应的脚印或箭头图案，教师引导幼儿观察地面上的脚印及箭头的方向，鼓励幼儿根据脚印及箭头的方向有序地靠右上下楼梯。

❷ 教师在观察幼儿上下楼梯时，应关注幼儿是否能自主有序地根据标记符号上下楼梯，并在第一时间给予及时帮助。

❸ 为了避免发生冲撞，教师可进行语言提示。

建议指导语：小手扶着小把手，跟着脚印往上（下）走，你不推我不挤，一个一个慢慢走。

游戏活动

我的小手真灵巧

材料投放

各种颜色、不同厚薄的手工纸（纸上印有各种难易程度的图形）；各种不同颜色和款式的安全剪刀若干；固体胶；妈妈的花裙子底板。

玩法：

❶ 用剪刀剪下图形，进行剪贴。

☆ 能力一般的孩子可以选择印有正方形、长方形、三角形等直线型图案且较薄的纸进行剪贴。

☆ 能力较强的孩子可以选择印有圆形、不规则几何图形等图案且较厚的手工纸进行剪贴。

❷ 把剪下的图形粘贴在妈妈的花裙子上，来装扮妈妈漂亮的裙子。

指导建议

引导幼儿正确使用剪刀，注意安全。

安全用剪刀

材料投放

幼儿专用小剪刀若干（圆头、塑料外壳）、若干彩色纸、小筐等。

玩法：

在区域中提供纸，供幼儿随意剪或按要求剪。

指导建议

❶ 引导幼儿意识到剪刀的危险性。

☆ 看一看：知道剪刀口是很锋利的，一张一合可以剪东西。

☆ 学一学：知道将剪刀递给别人的时候，要捏住闭上的剪刀口。

❷ 教师运用生动有趣的语言引导幼儿使用剪刀。

建议指导语：小剪刀站好，张开大嘴巴，从下往上剪。

❸ 在幼儿使用剪刀的过程中，教师观察幼儿的使用情况，随时提醒。

☆ 幼儿使用剪刀的时候必须由老师陪伴。

☆ 不用剪刀时马上放下，不在手中挥舞。

☆ 幼儿使用剪刀时，关注幼儿拿纸的位置，手指不靠近剪刀，以防剪到小手。

❹ 幼儿剪纸条时，先提供窄窄的、可一刀剪断的纸，逐渐再增大宽度。

哪些地方很危险？

材料投放

绘制出一些危险的场景的图片（如倒爬滑梯、随意离开队伍、午睡时玩发卡、小手戳小洞洞、玩小豆豆等）。

玩法：

用“一天一个小故事”的形式将这些生活中危险的事制作成小图书，放置在图书角中，供幼儿自己阅读。

指导建议

也可以将这些易懂的图示张贴出来，和幼儿一起看看聊聊。

集体活动

勇敢的豆豆

活动目标

让幼儿知道使用滑梯的正确方法，避免因方法不当带来的伤害。

活动准备

图片、故事《勇敢的豆豆》、人手一张笑脸卡和哭脸卡。

活动过程

❶ 听故事，学本领。

欣赏故事《勇敢的豆豆》并回答教师提问。

问题1：豆豆从滑梯下边往上爬，这样玩对吗？

问题2：小朋友们在滑梯上推挤，这样玩合适吗？为什么？

问题3：豆豆在玩滑梯时，衣服口袋里还放着尖尖的发卡，这样做安全吗？为什么？

问题4：这时来了一个小男孩，他嘴里吃着棒棒糖，这样玩滑梯合适吗？为什么？

❷ 做游戏，学本领。

游戏：Yes or No

玩法：幼儿人手一张笑脸卡和一张哭脸卡，教师出示图片，幼儿如果认为图片中的行为是正确的，就举笑脸卡；反之，则举起哭脸卡。

问题设置：（用图画的形式呈现）

图片1：玩滑梯时，小朋友携带硬物（如发卡、小刀等）。

图片2：玩滑梯时吃东西。

图片3：排队玩滑梯，一个一个滑。

图片4：玩滑梯时，头朝下倒着滑。

图片5：玩滑梯时，从滑梯爬上去。

图片6：玩滑梯时，堵在滑梯口，不让同伴滑下来。

图片7：玩好滑梯后，立刻离开滑梯。

指导建议：对于幼儿中存在争议较大的图片，可着重引导幼儿进行讨论，以明确行为的正确与否及其原因。

不离开大人独自玩耍

活动目标

知道离开大人独自行动很危险，不独自去玩耍。

活动准备

图片四幅。

活动过程

❶ 看图答问题。

图片1：贝贝和爸爸一起去买报纸，他看见一只小狗在书报亭旁边，小狗看见贝贝向它走来，就立即跑了，贝贝赶忙去追……

建议指导语：如果贝贝一直追小狗，他会迷路找不到爸爸吗？请小朋友告诉贝贝应该怎样做。

图片2：明明和妈妈到马路旁的商店去买衣服，妈妈在仔细地挑选衣服，可明明看见马路上的汽车来来往往的，就悄悄地离开了妈妈，走到了机动车道上……

建议指导语：明明这样做对吗？他会遇到危险吗？我们快来告诉他，应该怎么做。

图片3：妈妈带红红去买冰淇淋，妈妈忙着和营业员阿姨结账，红红就站在妈妈的身边，看着她们……

建议指导语：红红是不是在妈妈看得见的范围内，她这样做对吗？小朋友应该向她学习吗？

图片4：爸爸和蓝蓝去乘公共汽车，在车站，爸爸在看站牌，蓝蓝离开了爸爸到其他的人群中去了……

建议指导语：蓝蓝离开爸爸对吗？她应该怎样做，我们来告诉她。

❷ 做游戏：快问快答。

教师说出一种情景后，幼儿立刻回答该情景中的行为是对还是错。

☆ 逛超市时紧紧拉着家人的手。

☆ 跟着陌生人去寻找家人。

☆ 在超市里和妈妈捉迷藏。

☆ 小朋友离开大人，到旁边去玩。

（游戏中的问题可根据实际情况增减）

小小剪刀

活动目标

在讲讲做做中了解剪刀的作用，感受剪纸的乐趣。

知道如何安全、正确地使用剪刀。

活动准备

小剪刀人手一把、手工纸（若干）、大剪刀。

活动过程

❶ 出示窗花引起幼儿兴趣。

建议指导语：猜猜这些美丽的窗花是怎么变出来的？

❷ 讨论剪刀的作用。

建议指导语：小剪刀除了可以剪窗花，还有什么用？

❸ 在讲讲做做中使幼儿体验剪刀的作用，并使幼儿知道如何安全地使用剪刀。

☆ 讨论如何安全地使用剪刀（比较大小剪刀的不同，了解小孩子适合使用圆头小剪刀；剪刀很锋利，所以使用时要特别小心；使用剪刀时，手要握住安全手柄，递剪刀给别人时要握住剪刀的小嘴巴等）。

☆ 教师边念儿歌，边示范剪纸（2～3遍）；幼儿欣赏儿歌，注意儿歌内容。

❹ 幼儿按自己的意愿安全地使用剪刀，体验剪刀的作用，获得剪纸的乐趣（教师巡回指导，结合念儿歌来提醒幼儿注意安全）。

附儿歌：

小 剪 刀

小剪刀，手中拿，
咔嚓咔嚓剪窗花。
自己用，头朝外，
给朋友，头朝里，
安全第一要牢记。

案 例

对安全教育的几点思考

在幼儿的一日生活中，时时会出现各种存有安全隐患的情况，而这些情况中就蕴含着丰富的教育内容，可以进行随机教育的契机最多。因此，教师要善于捕捉这些有效的教育时机，及时实施随机教育。

保护幼儿的生命是幼儿园的首要任务。教师要重视在日常生活中向幼儿进行安全教育，使幼儿掌握一些基本的安全常识，培养幼儿自我保护的意识和能力；要和家长密切配合，共同做好幼儿安全教育和保护工作。随机教育是自我保护教育中最有效的策略之一，因为幼儿通过亲身体验，对于危险会有较深的理解，易取得事半功倍的效果。

☆　抓住教育契机，灵活进行随机教育

幼儿安全教育的本质是生活教育，幼儿离不开生活，生活离不开安全教育；幼儿生活是多姿多彩的，安全教育也应把握时机。例如前文中所提到的，在饮水区的地面上贴上图案标记以维持幼儿喝水秩序，就是生活活动中的一个良好的教育契机，教师抓住了并对幼儿进行了一系列的教育。而且安全教育本身就有即时性，要让幼儿在真实情感中感受，如果教师认为可以暂搁一下，事后再去教育，肯定会缺乏教育力度。

☆　根据幼儿年龄特点，进行情境式教育

小班幼儿的心理活动情绪性极强，认知过程主要受情绪及外界事物左右，而不受理智支配。例如房屋被烧毁场景、真实的故事深深吸引了幼儿，激起幼儿对草地的爱护情绪及房屋被烧的惋惜情绪，使得幼儿明白随意玩火的危害。情境式教育往往能收到事半功倍的教育效果，感染幼儿的情绪，使幼儿从心底形成安全意识，初步形成自我保护能力。

保护幼儿的生命安全是教师的责任，而过度的保护有时会产生不良后果。只有培养幼儿自我保护的能力，才能使幼儿避免伤害，对其终身有益。

宝宝挑战用剪刀

通过观察，我发现幼儿刚接触剪刀时，有一种既陌生、害怕又新鲜的感觉，剪刀放在美工区里都不敢去碰它。于是，我通过主题活动让幼儿学习如何安全、正确地使用剪刀。

我将主题活动分为“四步走”：

☆ 认识剪刀，知道剪刀的用途及其危险性。

☆ 掌握正确拿取剪刀的方法，知道什么时候剪刀具有危险性。例如：剪刀的嘴巴张开时就有危险，传递时得先将剪刀的嘴巴关闭，然后，用手掌握住剪刀的头部。

☆ 学习剪刀的使用方法，运用形象生动的语言引导幼儿先将剪刀的嘴巴张开一点，将小剪刀“站好”，从下往上剪纸，另一只手捏住纸的左侧边，不靠近剪刀。

☆ 知道使用完毕后的摆放要点，及时将剪刀的嘴巴闭上，手捏剪刀头，轻轻放入剪刀架里。

记得刚开始时，在美工区里，教师和幼儿在一起剪纸，这主要是为了观察幼儿使用剪刀的情况，便于及时指导和调整。例如：纸张的大小、软硬和幼儿第一次学习剪纸的成功与否有着密切的关系。在观察后，我们将先前提供的彩色纸进行了一次“过滤”处理，将一张张的彩色手工纸剪成了小纸条，而且纸条的宽度恰好是能让孩子一次剪断。这样调整之后，幼儿剪纸的成功率提高了，自信心也增强了。

请你帮助我

日常活动

我出汗了

活动指导

❶ 户外活动中，提醒幼儿感到出汗后，主动找教师帮忙擦汗。

❷ 户外活动后，幼儿与老师一同边擦汗边念儿歌《擦汗》。

附儿歌：

擦　汗

运动后，出汗了，
要请毛巾来帮忙。
擦额头，擦小脸，
别忘擦擦小鼻子，
擦脖子，擦头颈，
擦干才会不生病。

我好冷呀

活动指导

❶ 在户外活动或一日生活中，提醒幼儿如果感到冷了，就向教师表明添加衣服的需要。

❷ 鼓励幼儿用语言表达冬天到了站在室外有什么感觉；发挥想象，说说有什么办法让自己感到不冷，需要哪些物品的帮助。

宝宝心情牌

活动指导

幼儿早上来园时，按自己的感受插上自己的心情牌（画有笑脸、哭脸和生气脸的小卡片）。教师可以根据幼儿心情指示牌，关注幼儿情绪和情感上的需求，做必要的沟通和安抚。

幼儿自己插卡，真开心

选我喜欢的心情牌

游戏活动

我有点不舒服

材料投放

医生看病的工具一套；水笔、白纸、彩色手工纸、剪刀；废旧的塑料药罐。

玩法：

在角色游戏的“医院”中，教师分别以医生、病人的形象出现，和幼儿互动，鼓励幼儿在游戏过程中大胆表达自己身体的不适，如：肚子疼、牙疼等。

我摔跤了

材料投放

医药箱若干（内装有利用废旧材料制作的“创可贴”、“红药水”、棉签）；布娃娃若干个。

玩法：

幼儿扮演医生，为摔跤的布娃娃包扎伤口。

集体活动

老师，我要小便了

活动目标

知道需要小便时要主动告诉老师。

活动准备

图片两张（一张是幼儿憋尿时很急的样子，另一张是幼儿小便在身上后很无奈的样子）。

活动过程

❶ 观察和讨论。

☆ 出示图片1：“图上的小朋友怎么了？可能遇到什么事了？”

讨论：想要小便，该怎么对老师说呢？

☆ 出示图片2：“这个小朋友又怎么了？”

讨论：小便在身上又该怎么对老师讲呢？

❷ 教师小结。

活动延伸

在日常生活环节，经常提醒幼儿，需要大小便时，及时告诉老师。

家园共育

我会自己说出来

孩子长大了，爸爸妈妈应该有意识地与孩子说说、聊聊，鼓励孩子大胆表达自己身体的不适，并告诉他们简单的解决方法，让他们成为懂得表达自己需求的孩子。

☆ 当孩子口渴时——鼓励孩子大胆地说："我口渴，要喝水。"

☆ 当孩子出汗时——鼓励孩子大胆地说："我出汗了，用毛巾擦擦。"

☆ 当孩子身体不适时——鼓励孩子大胆地说："我不舒服。"

☆ 当孩子热时——鼓励孩子大胆地说："我很热，要脱衣服。"

冬天不怕冷

日常活动

日常指导

活动指导

教师在日常活动中，要经常巡视观察幼儿的冷热情况，可通过摸摸小手、摸摸后颈、看看脸色等方法了解幼儿的情况，并经常询问幼儿“你暖和吗”、“你觉得冷吗”、“你舒服吗”引导幼儿表达自己的需求和愿望。

热毛巾擦脸

活动指导

将冷热毛巾分开摆放在有盖塑料筐中，放热毛巾的筐上有“火焰”标志，放冷毛巾的筐上有“雪花”标志，供幼儿区分。幼儿可选择不同毛巾擦脸，感受冷和热，体验冬天用热毛巾擦脸的舒适感。

游戏活动

冬天的房子

材料投放

棉花、泡沫塑料块；房子、树、花等街头景物的建构积木；布置成街道的场景。

玩法：

幼儿选用房子、树、花等街头景物的建构积木，将其分别摆放在街道上。用自己的方法将棉花撕碎、将泡沫塑料块变成碎屑，撒在建好的房子上，感知冬天来到了。

集体活动

风爷爷来了

活动目标

体验冬天刮风的感觉，知道冬天来了。

活动准备

“大风吹”的声音录音。

活动过程

❶ 讨论：风爷爷来了。

建议指导语：今天来幼儿园，走在路上，你有什么感觉？

❷ 听听“大风吹”的声音录音，与教师一同模仿冬天风的声音。

❸ 游戏：风爷爷来了。

教师扮“风爷爷”，幼儿扮“树叶”，“风爷爷”刮风，“树叶”不停地舞动；“风爷爷”停下了，“树叶”也停止舞动。

冻伤的蔬菜

活动目标

感知、比较新鲜蔬菜和冷冻蔬菜的区别。

了解寒冷对食物、对人体都会产生伤害。

活动准备

新鲜蔬菜（青菜、西红柿）若干，事先放在冰箱里冻过的相应的蔬菜若干。

活动过程

❶ 取出新鲜的青菜和西红柿，看看它们是什么样，摸摸它们有什么感觉。

❷ 让幼儿观察、比较新鲜的和冷冻的蔬菜的区别。

建议指导语：蔬菜宝宝放在不同的地方，它们的脸蛋变了吗？原来，放在很冷很冷的地方，脸蛋、身体会冻裂冻伤的呀！

❸ 让幼儿知道寒冷也会给人带来危害，懂得天冷要注意保暖。

天冷我不怕

活动目标

感知冬天的寒冷，知道运动可以御寒。

能用简单的词语说说自己抵御寒冷的办法。

活动准备

在室外运动时已经感知到了冬天的寒冷。

活动过程

❶ 讨论冬天站在户外的感受及抵御寒冷的办法。

建议指导语：在操场上站着时，冷不冷？有什么好办法让自己不冷？

❷ 鼓励幼儿说说自己的想法，并引导幼儿用动作表现取暖的方法。

❸ 体验、感受运动后的感觉。

☆ 带幼儿到户外跑一跑、跳一跳。

☆ 幼儿身体发热时，找一处无风有阳光的空地休息，说说运动后有什么感觉。